Gebrauchsanweisung für Alaska

Dirk Rohrbach

Gebrauchsanweisung für Alaska

Piper München Zürich

Mehr Bäume.
Weniger CO_2.
www.cpibooks.de/klimaneutral

Mehr über unsere Autoren und Bücher:
www.piper.de

ISBN 978-3-492-27634-4

Karte: cartomedia, Karlsruhe
Satz: le-tex publishing services GmbH, Leipzig
FSC-Papier: Munken Premium von Arctic Paper
Munkedals AB, Schweden
Druck und Bindung: CPI – Clausen & Bosse, Leck
Printed in Germany

Für Alaskas wilde Geister,
always inspiring

Inhalt

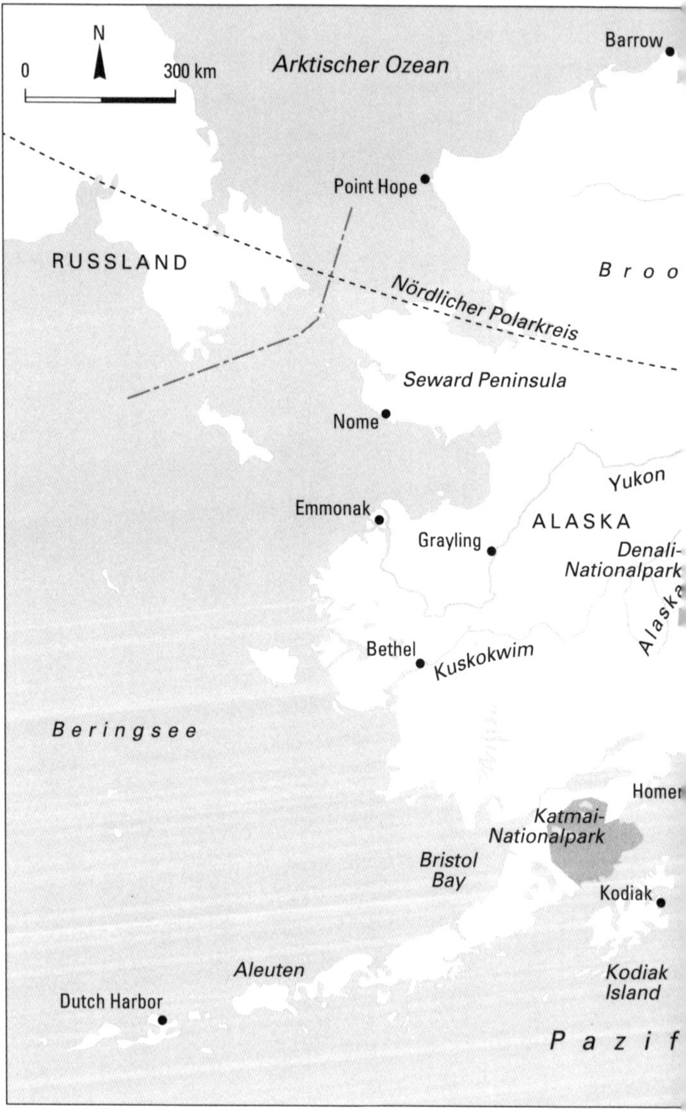

N
0
300 km
Arktischer Ozean
Barrow
Point Hope
RUSSLAND
B r o o
Nördlicher Polarkreis
Seward Peninsula
Nome
Yukon
Emmonak
ALASKA
Grayling
Denali-
Nationalpark
Bethel
Kuskokwim
Beringsee
Homer
Katmai-
Nationalpark
Bristol
Bay
Kodiak
Aleuten
Kodiak
Island
Dutch Harbor
P a z i f

Beaufortsee
Prudhoe Bay
Deadhorse
ks Range
NORTWEST TERRITORIES
U S A
Fort Yukon
Tanana
Circle
Fairbanks
North Pole
Eagle
YUKON TERRITORY
Dawson City
Klondike
Range
Delta Junction
Denali 6.194 m
K A N A D A
Talkeetna
Wasilla
Palmer
Anchorage
Kenai
Valdez
St. Elias 5.489 m
Whitehorse
Cordova
Seward
Chilkoot Trail & Pass
Yakutat
Skagway
Haines
Wrangell-Saint Elias-Nationalpark
BRITISH COLUMBIA
Juneau
Glacier Bay-Nationalpark
Sitka
Golf von Alaska
Petersburg
Wrangell
Ketchikan
ischer Ozean

Vorweg

Size matters – Klar kommt's auf die Größe an!

Amerikaner lieben Statistiken. Das belegen eindrucksvoll die unzähligen Grafiken und Tabellen, die selbst den größten Flatscreen bei jeder Sportübertragung zuzupflastern drohen. Karrierebestleistungen von NBA-Stars, längste Siegesserien von Footballteams, Spitzengeschwindigkeiten geworfener Baseballs, Chancen für Aufholjagden in reziproker Abhängigkeit von Mondstand und dem Mittelwert der Hotdog-Verkäufe in der Südkurve bei Montagsspielen. Oder so …

Nähern wir uns Alaska also wie die Amerikaner. Berauschen wir uns an Zahlen, die uns ehrfürchtig erstarren lassen werden ob der Unfassbarkeit der Dimensionen, die vor allem eins klarmachen: Größe spielt in jedem Fall eine Rolle! Basta. Für Bescheidenheit ist hier kein Platz, denn Alaska ist groß. Verdammt groß. Und zwar so groß, dass sogar die sonst auf ihre Dimensionen so stolzen Texaner kleinlaut werden. Denn selbst wenn man Alaska halbieren würde, wäre Texas immer noch kleiner als die eine Hälfte. Mit seinen riesigen 1,5 Millionen Quadratkilometern entspricht Alaska etwa einem Fünftel der Fläche der gesamten *lower 48*, der anderen 48 kontinentalen Bundesstaaten. Deutschland passt mit dagegen mickrigen 350 000 Quadratkilometern mehr als viermal in Alaska. Dafür gibt es bei uns mehr als hundertmal so viele Einwohner. Die zurzeit gut 720 000 Einwohner Alaskas bedeuten rein rechnerisch, dass auf einen Quadratkilometer etwa ein halber Mensch kommt. Sonst aber übertrumpft Alaska in fast allen mehr oder minder relevanten Aspekten auf eindrucksvolle Weise den Rest der USA. 54 000 Kilometer Strand und Küste entsprechen mehr als dem Doppelten dessen, was die 48 südlichen Kontinentalstaaten zusammengenommen an Meereslinie aufzuweisen haben. Die flächenmäßig größte Stadt Amerikas liegt ebenfalls in Alaska: Sitka im Südosten umfasst rund 12 000 Quadratkilometer und ist damit viermal größer als der Bundesstaat Rhode Island und etwa zehnmal größer als New York oder Los Angeles. Die etwa 9000 Einwohner von Sitka haben zudem deutlich mehr Platz hinter ihren Häusern und müssen sich in ihrem Alltag weder mit Smog noch Megastaus plagen. Dass der höchste Berg Nordamerikas in Alaska liegt, ist hinlänglich bekannt. Mit seinen massigen 6194 Metern thront der Denali über dem gleichnamigen Nationalpark inmitten Zentralalaskas und ist Teil von über einer Million Hektar Naturschutzgebiet in Alaska. Fast genauso viele Karibus leben hier, also mehr als Menschen. Und auch das stärkste jemals aufgezeichnete Erdbeben Nordamerikas wurde in Alaska registriert. Am Karfreitag 1964 bebte der Prince William Sound mit einer Stärke von 9,2, mehr noch als das Beben vor Japan im März 2011. Die Seiten dieser Gebrauchsanweisung ließen sich problemlos mit weiteren imposanten Zahlen füllen, am Ende stünde vor allem die Erkenntnis: *Size matters*! Klar kommt's auf die Größe an, egal, was Ihnen in Ihrer Kindheit und Jugend eingebläut wurde. Aber Alaska allein darauf zu beschränken würde diesem in vielerlei Hinsicht großartigsten aller amerikanischen Bundesstaaten nicht gerecht werden. Genug also der Zahlenspiele, für den Moment.

The Last Frontier, prangt es unmissverständlich und nicht ohne einen gewissen Stolz auf den Nummernschildern der alaskanischen Trucks und SUVs. Und der Name ist Programm und Erklärung für viele Phänomene, auf die man hier im Norden trifft. Aber der bei Weitem größte amerikanische Staat, der erst 1959 offiziell in den Verbund aufgenommen wurde, ist mehr als nur die letzte Wildnis. Alaska ist die Verkörperung eines Mythos von Freiheit und Gesetzlosigkeit, wo man sich das Abendessen noch selbst mit der Flinte schießt und dann in seine mit eigenen Händen erbaute Blockhütte schleift.

Selbst für viele Amerikaner bleibt Alaska das Land ihrer Träume und Phantasien. Nicht um hier zu leben, dazu wäre es im Winter ja viel zu kalt und dunkel. Nein, aber einmal im Leben alaskanischen Boden betreten heißt das Gelobte Land sehen. Ein Land, das für viele Erstbesucher jenseits jeglicher Vorstellungskraft und offensichtlich auch weit abseits der eigenen Realität liegt. Anders lassen sich tatsächlich gestellte Fragen wie »Wann genau schaltet ihr das Nordlicht an?«, »Ist das da Styropor auf dem See oder ein Eisberg?«, »Lebt ihr nicht alle in Iglus und fahrt Hundeschlitten?«, »Wann verwandeln sich die Karibus in Elche?«, »Kann ich auf den Gipfel des Denali fahren?«, »Nehmt ihr amerikanisches Geld?«, »Kostet das Porto von hier aus mehr in die USA?« kaum erklären. Manche freuen sich auch über den überraschend gut verständlichen in Alaska geborenen Tourguide und beglückwünschen ihn zu seinem nahezu akzentfreien Englisch. Das sind vermutlich die gleichen Touristen, die mit Tanktop und Shorts aus dem Flieger steigen und sich wundern, warum es so kühl ist und keiner Spanisch spricht, nachdem Alaska auf der Landkarte doch direkt neben Mexiko liegt. Womit sie ja rein grafisch recht haben, weil aus Platzgründen eben auf vielen Karten nur ein kleiner Kasten für Alaska gleich neben der Baja eingeklinkt wird. Man mag sich über die vermeintlich törichten Fragen amüsieren, sie sollten aber auch alarmieren. Denn wer mit einer solchen Vorstellung hierher reist, ist vielleicht nur einen Schritt von einer wirklich gefährlichen Situation entfernt, in die er aus Unwissenheit hineinschlittert.

Ich machte meine erste Alaska-Erfahrung im Sommer 2009. Mit einem Mietwagen war ich Anfang August am Ende eines langen *roadtrips* aus Los Angeles im Norden angekommen. Ich wollte für meine im darauffolgenden Jahr geplante Komplettbefahrung des Yukon in einem Birkenrindenkanu* recherchieren und auch ein paar Tage auf dem Fluss paddeln. Der Norden hatte mich schon fast zwanzig Jahre zuvor bei einer mehrwöchigen Tour durch den Sarek-Nationalpark im schwedischen Teil Lapplands in seinen gern und viel zitierten Bann gezogen. Gepaart mit den Geschichten von Jack London wuchs meine Sehnsucht nach der reinen Klarheit und Weite der Landschaft ins Unermessliche. So war die Idee des Kanu-Abenteuers auf der mehr als 3000 Kilometer langen Lebensader des amerikanischen Nordens entstanden. In jenem Sommer 2009 erkundete ich zunächst das kanadische Yukon Territorium, paddelte in einem Mietcanadier von Whitehorse nach Carmacks und besuchte Dawson City, die Hauptstadt des legendären Goldrausches Ende des 19. Jahrhunderts, der auch das Leben von Jack London verändern sollte. Als junger Mann zählte er zu den Abertausenden erfolgloser Glückssucher, landete aber wenig später mit seinen Romanen über diese Zeit doch noch den großen Coup und schuf damit den unvergleichlichen Mythos, der bis heute anhält. Zwar befanden sich auch damals schon fast alle relevanten Orte auf kanadischem Gebiet, nicht selten allerdings scherten sich die vielen Abenteurer aus den USA einen Dreck darum. Für sie lag das Gold in Alaska, das erst wenige Jahre zuvor für schlappe 7,2 Millionen Dollar von den Russen an die Amerikaner verhökert worden war. Zumal die meisten ihr Wagnis auch genau

* Nachzulesen in meinem Buch »YUKON – 3000 Kilometer im Kanu durch Kanada und Alaska«

dort in Alaska begonnen hatten. Mit Schiffen aus San Francisco, Seattle oder Vancouver erreichten sie durch die Inside Passage einen Fjord am schmalen alaskanischen Küstenstreifen, wo innerhalb kürzester Zeit gleich zwei Städte florierten. Skagway und Dyea buhlten um Gunst und Profite. Während die eine Anlegemöglichkeiten für die Schiffe bot, war die andere der Start des sagenumwobenenen Chilkoot Trail. Dieser Handelspfad der Küstenindianer galt als vielversprechendste Route zu den Quellseen des Yukon und damit als idealer Ausgangspunkt für den kürzesten und schnellsten Weg zu den Goldfeldern am Klondike River.

Dort hatte der Tlingit-Indianer Skookum Jim im Sommer 1896 den ersten Klumpen Gold aus dem Wasser gefischt. Die Kunde verbreitete sich im Norden wie ein Lauffeuer, der Süden allerdings erfuhr erst knapp ein Jahr später mit der Ankunft der ersten, mit reichlich Gold beladenen Schiffe an den Häfen der Westküste davon. Verzweifelt und gierig setzten sich Zehntausende hastig in Bewegung, nahmen eine monatelange Anreise und unmenschliche Torturen auf sich, um am Ende meist kläglich zu scheitern. Auch davon erzählen die historischen Fotografien, Berichte und Relikte in den Museen des Nordens. Besonders eindrücklich in Skagway, das sich am Ende gegen Dyea, von dem heute nur noch die spärlichen Reste der Pieranlagen bei Ebbe aus dem Meerwasser ragen, durchsetzen konnte.

Und genau dort zog es mich gegen Ende meiner ersten Stippvisite im amerikanischen Norden hin. Der Trubel auf dem Broadway überraschte mich. Tausende von

Kreuzfahrttouristen flanierten hektisch über die hölzernen Bürgersteige. Ihre *Alaska Fleece Sweater* hatten viele vermutlich schon bei den Stopps in Ketchikan, Juneau oder an Bord ihrer riesigen Kasinoschiffe im Souvenirshop erstanden. Nun galt es, in den zahllosen Schmuckgeschäften, in denen arabischstämmige Saisonarbeiter Diamant-Colliers, Ohrringe oder Uhren feilboten, den Nepp vom Schnäppchen zu unterscheiden, bevor der Dampfer am Abend wieder ablegte. Die proper renovierten Häuserfassaden aber entschädigten für den schrillen Tinnef-Marathon. Ich besuchte das wirklich sehenswerte *visitor center* der Nationalparkbehörde gleich neben dem Bahnhofsgebäude der historischen *White Pass & Yukon Railroad*, die kurze Zeit nach Ende des Goldrausches in Betrieb genommen worden war und heute Besucher über eine der spektakulärsten Eisenbahnschluchten der Welt bis zur kanadischen Grenze und manchmal auch ein Stückchen weiter transportiert. Schließlich kaufte ich ein Buch, das den Aufstieg über den Chilkoot Trail mit anschließender Kanutour bis nach Dawson beschrieb, besuchte den alten Friedhof von Dyea, auf dem unter dichten Baumwipfeln Lawinenopfer aus dem Goldrausch begraben liegen, und campierte für eine Nacht auf dem Zeltplatz des Nationalparks. Am nächsten Morgen erhaschte ich noch einen kurzen Blick auf den Chilkoot-Trailhead und machte mich auf den Weg zurück nach Süden. Für mich stand fest: Ich würde im nächsten Jahr zurückkehren, hier über den Chilkoot Pass zu den Quellseen des Yukon aufsteigen und dann wie die Goldsucher zunächst bis Dawson City und weiter durch

Alaska zum Beringmeer paddeln. Diese Reise wurde zu einem Wendepunkt, in vielerlei Hinsicht. Noch nie zuvor hatte ich ein Land erlebt, das mich mit seinen Bewohnern so geflasht hat!

Alaska ist für viele nur riesig, kalt und wild. Überleben können hier ausschließlich raubeinige Haudegen, die Grizzlys mit bloßen Händen niederringen, ihre Beute noch mit der Keule erlegen und nach jeder erfolgreichen Elchjagd zuerst in die blutige Leber beißen. Ja, hier oben kommen nur die härtesten Kerle durch! Das zierliche Vergissmeinnicht als offizielle Staatsblume wirkt da zunächst etwas unpassend. Aber auch das Motiv der Staatsflagge, das bei einem Malwettbewerb für Schüler im Jahr 1927 ausgewählt wurde, belegt, dass selbst in Alaska Platz für sentimentale Romantiker bleibt. Der dreizehnjährige Gewinner Benny Benson zeichnete das Sternbild des Großen Bären und den Nordstern auf dunkelblauem Grund. Während die meisten der rund 700 eingereichten Entwürfe Eisbären, Goldpfannen, Nordlichter oder die Mitternachtssonne kombinierten, ließ sich Benny von dem inspirieren, was er jeden Abend sah, wenn er nach oben blickte. »Das Blau steht für den Himmel über Alaska und die Farbe des Vergissmeinnichts, das hier wächst. Der Nordstern steht für den zukünftigen Staat Alaska, den nördlichsten der Union, und der Große Bär symbolisiert seine Stärke!«

Harte Schale, weicher Kern. Auch deshalb habe ich mich in Alaska verliebt.

Into the Wild

Unterwegs auf Wasserwegen und legendären Highways durch die wilde Weite

Zu Land, zu Wasser oder aus der Luft. Sie haben die freie Wahl, wie Sie Ihre Reise in die letzte Wildnis beginnen möchten. Wobei eine Variante eigentlich von vornherein ausscheidet, die mit dem Flugzeug. Dann berauben Sie sich nämlich der Urerfahrung, wie weit Alaska vom Rest der amerikanischen Welt entfernt und wie abgelegen es tatsächlich ist. Der sommerliche Direktflug aus Frankfurt macht Anchorage schneller erreichbar als zum Beispiel Los Angeles oder Seattle an der Westküste. Wenn Sie nach nicht mal zehn Stunden aus der Maschine steigen, fehlt Ihnen aber jedes Gefühl für die Dimensionen hier oben im Norden und das essenzielle Grundverständnis, die unvorstellbare Weite des Landes zu erfassen – Voraussetzung, um viele Sonderheiten zu begreifen, denen Sie auf Ihrer Reise begegnen werden. Nur wer den langen, mitunter beschwerlichen Weg über Land oder Wasser wählt, begreift, warum die Alaskaner vom Rest wie selbstverständlich nur als *outside*, außerhalb, sprechen, so als ob es ein anderer Planet wäre. Und das trifft in vielerlei Hinsicht auch zu, wie Sie beim Lesen noch feststellen werden.

Ob Fähre oder Auto hängt von der zur Verfügung stehenden Zeit und Ihren persönlichen Vorlieben ab. Spektakuläre Fjorde und garantiert schlechtes Wetter oder spektakuläre Berge und nicht enden wollende, öde Prärie. Wale, Robben und Adler oder Bisons, Karibus und Bären – Tiere werden Sie in jedem Fall sehen, egal für welchen Anreiseweg Sie sich entscheiden. Vieles spricht für den Wasserweg, nicht nur die spektakuläre Szenerie. Auch die Russen als erste Europäer entdeckten Alaska für sich übers Wasser. Gut, damals, Mitte des 18. Jahrhunderts, gab's auch keine andere Möglichkeit, als über die rauen Gewässer des amerikanischen Nordpolarmeers nach Osten zu segeln. Allen voran der dänische Marineoffizier Vitus Bering, der, im Auftrag des Zaren stehend, als Entdecker Alaskas gilt. Die wenig heroische Expedition 1741 endete für ihn zwar tödlich, sein Name aber blieb untrennbar mit Alaska verbunden und findet sich seither auf jeder Landkarte der Region. Mit an Bord damals war übrigens auch der deutsche Naturforscher Georg Wilhelm Steller aus Bad Windsheim, der als erster Europäer naturwissenschaftliche Erkenntnisse über Alaska sammelte. Berings Schiff erreichte die Südküste Alaskas, bevor der ausgelaugte Kapitän umgehend die Rückreise über die Aleuten befahl. Heute vernetzt das *Alaska Marine Highway System* diesen Teil der Küste und die Inside Passage, die vielfältige Inselwelt vor der nordamerikanischen Westküste. 1963 in Betrieb genommen, verkehren mittlerweile elf staatliche Fähren zwischen 33 Siedlungen, die sonst fast alle nur noch aus der Luft erreichbar wären. Eine herausragende Besonderheit im ansonsten komplett rund ums Autofahren konzipierten Amerika, die wesentlichen Anteil hat am entspannten Wesen der Alaskaner. Wer für seine Mobilität abhängig ist von quasi öffentlichen Verkehrsmitteln und nicht mal eben in den Truck springen kann, um einen Arzttermin wahrzunehmen oder eine dringende Besorgung zu machen, muss sich in gewisser Weise von Stress und Termindruck verabschieden. Oder wahnsinnig werden. Denn ob Fähren anlegen und Flugzeuge landen können, hängt zusätzlich noch von der manchmal sehr eingeschränkten Kooperationsbereitschaft von Mutter Natur ab. Auch eine Grunderkenntnis, die jeder Alaskaner und Besucher demütig akzeptieren muss, will er nicht sich oder andere ernsthaft in Gefahr bringen. Aber davon wird später noch ausführlich die Rede sein.

Rund 300 000 Passagiere, 100 000 Fahrzeuge und unzählige Güter werden jährlich auf den Fähren über 5500 Wasserstraßenkilometer transportiert, auch um den Bewohnern der Siedlungen eine möglichst hohe Lebensqualität zu sichern, wie der staatliche Betreiber stolz auf seiner Website verkündet. Wie abhängig Alaska, vor allem im Südosten, tatsächlich vom Wasserweg ist, wird deutlich unterstrichen durch die Lage der Hauptstadt an der Inside Passage. Zwar gibt es nach Juneau regelmäßig Linienflüge, aber keine Straße führt von außerhalb hierher. Wenn das Wetter also durch Sturm oder schlechte Sicht den Flugverkehr für manchmal mehrere Tage lahmlegt, sind die Fähren die einzig verlässliche Möglichkeit rein- oder rauszukommen. Solange der Seegang ein Andocken und Auslaufen zulässt.

Noch eindrucksvoller als die Zahlen des Alaska Marine Highway System sind die Bilanzen der Kreuzfahrtindustrie, die zuletzt stetig zu wachsen schien. Rund eine Million Besucher werden so schätzungsweise im Jahr nach Alaska transportiert, auffallend wenige davon aus Europa, wo man es offenbar lieber unabhängiger mag und als Individualtourist sein Wohnmobil über den Alaska Highway nach Norden steuert. Fähren und Kreuzfahrtschiffe teilen sich die Route durch die Inside Passage weitgehend und liegen preislich gar nicht so weit auseinander, wie man gemeinhin annehmen würde. Für den Fährtransport von Bellingham im Staat Washington, gut anderthalb Autostunden nördlich von Seattle, bis nach Skagway am Ende der Inside Passage zahlen Sie pro Person zurzeit unter 400 Dollar (allerdings ohne Kabine, für die nochmal rund 600 Dollar fällig wären). Die gleiche Strecke mit dem *cruise ship* muss nicht, kann aber deutlich mehr kosten, je nach Kabinenlage und Komfortlevel. Auf die Fähre steigen Sie außer in Bellingham auch in Prince Rupert in British Columbia, die Kreuzfahrtschiffe starten und enden in Seattle oder Vancouver. Großer Vorteil für viele Nutzer der Fähren: Sie können ihren Truck, das Wohnmobil, Fahrrad oder Kajak gegen

Aufpreis mitnehmen und jederzeit unterwegs aussteigen, in den Siedlungen verweilen und dann die nächste Fähre für die Weiterfahrt nutzen.

Mehr als tausend Inseln formen die Inside Passage als Teil des südöstlichen Alaska Panhandle, des dem kanadischen British Columbia vorgelagerten Landzipfels. Ist man hier unterwegs, funken die Netzbetreiber ihre Willkommensnachrichten an die Handys, die beim Durchfahren signalisieren, dass die scheinbare Wildnis offenbar doch nicht so wild ist, und wenn der kanadische oder amerikanische Anbieter jeweils dominiert. Denn wer auf dem Wasser nach Alaska will, segelt erst mal anderthalb Tage vor der Westküste Kanadas nach Norden, bis er mit Ketchikan die erste alaskanische und damit auch wieder amerikanische Siedlung erreicht. In dieser Zeit bleibt ausreichend Gelegenheit, sich auf das mitunter rustikale Jugendherbergsambiente der Fährschiffe einzustellen.

Dutzende von Rucksacktouristen haben sich vor dem Ablegen in hastiger Manier auf dem *solarium*, dem Sonnendeck, einquartiert und die Klappstühle unter den wärmenden Heizstrahlern der überdachten Liegefläche mit Schlafsäcken und Reisetaschen befüllt. Eine Etage tiefer rüttelt die unablässige Meeresbrise beängstigend heftig an den mitgebrachten bunten Zelten, die ganze Familien beherbergen und sich nur durch grobe Klebestreifen gesichert ans Metalldeck klammern. Auch die *recliner lounge* ähnelt mehr einem Sammellager für Flüchtlinge als einer hippen *chillout zone*, in der unaufdringlicher Trancesound aus den Satellitenlautsprechern wabert. Die plüschigen Sitzpolster sind zerschlissen oder weisen dunkle Fleckenränder auf, deren Herkunft man lieber nicht weiter ergründen möchte. Da wirken die zwar nicht verstellbaren, aber auch weniger überfüllten Sitze der *observation lounge* mit der zweifelsohne besten Sicht auf die meist tief hängenden Wolken ein wenig einladender. Wenn der Nachbar in der Reihe dahinter nicht gerade die mitgebrachte Proviantbox öffnet, aus der plötzlich ein strenger, undefinierbarer Duftmix aus verrottendem Fleisch und saurer Milch entströmt, vor dem man sich unweigerlich aufs Deck retten möchte.

Hier angekommen, peitscht der Wind feinen Wasserstaub ins Gesicht, und man kühlt so rasch aus, dass man bald zurück in den Aussichtsraum flieht, wo weit weg vom Picknicker ein übernächtigter Mitreisender seine Ruhestätte unter einem der wenigen fest installierten Tische fand. Dort produziert er im offenkundigen Bestreben, den gesamten alaskanischen Regenwald entlang der Inside Passage bis zur Endstation niederzusägen, Geräusche, die man keinem normal entwickelten menschlichen Rachenraum zugetraut hätte. Ähnliches gilt übrigens für seine bis auf die Socken entblößten Füße und das Aroma, das sie verströmen. Da erscheinen die Gemeinschaftsduschen und Toiletten überraschend sauber, auch wenn die eine oder andere Nasszelle während der Fahrt garantiert wegen Funktionsuntüchtigkeit vorübergehend oder auch bis zur Ankunft außer Betrieb genommen werden muss.

Ja, spätestens mit dem ersten Landgang nach anderthalb Tagen Isolation auf der Fähre fühlen Sie sich ein wenig zugehörig zur verschworenen Gemeinschaft der

Alaskaner, die das verlässliche öffentliche Verkehrssystem der Fähren genauso schätzen und nutzen wie Sie zu Hause in Europa womöglich Bus oder Straßenbahn. Das monotone Röhren der Motoren hat sich längst zu einer äußerst meditativen Variante des *white noise* gemausert, die Sie nachts sanft in den Schlaf wiegt. Der undurchdringlich scheinende Wolkenvorhang zeigt erste Lücken, durch die das unwirkliche Blau der Gletscherkappen zwischen den Küstenbergen schimmert. Die Weißkopfseeadler auf der Hafenmole verfolgen zunächst misstrauisch Ihren Landgang, um sich dann majestätisch zu einem weiter entfernten Baumwipfel zu schwingen. Und Sie sind froh, sich Alaska zu nähern wie die Alaskaner, gemächlich und ohne Glamour. So bereitet Sie diese wahrhaftige Entschleunigungserfahrung gleichsam vor auf Ihr unvergessliches Alaska-Abenteuer, und die Fahrt mit der Fähre wird Teil der Reise statt nur pragmatisches Fortbewegungsmittel zum Zweck. Wenn dann nach fast drei Tagen unterwegs am Ende der Inside Passage im Taiya Inlet die Piers von Skagway auftauchen, fällt es nicht schwer, sich in die Erleichterung und Begeisterung der Goldsucher zu versetzen, die sich zu Zehntausenden Ende des 19. Jahrhunderts über den gleichen Weg Richtung Klondike aufmachten.

Eine Freundin aus Deutschland erzählte mir begeistert, dass die Inside Passage das einzig wahre »Gateway to Alaska« sei. Dreimal war sie selbst so mit der Fähre eingereist, hatte auf dem *solarium* gewohnt und dort in einem Jahr vier Menschen kennengelernt, die ihr nachhaltig in Erinnerung geblieben sind und das Lebensgefühl Alaskas und den Pioniergeist derer, die dort heute ihr Glück suchen, eindrucksvoll verkörpert haben.

Brian aus Pennsylvania, in den Fünfzigern, Forstarbeiter, geschieden, hatte seinen gesamten Besitz verkauft und nur behalten, was auf die Ladefläche seines alten roten Toyota Trucks passte. Dann war er mit seinem Hund, einem Retriever-Labrador-Mischling, losgefahren, nach Bellingham. Den ersten Winter in Alaska wollte er in der Nähe von Juneau als Holzfäller verbringen und sich eine Hütte bauen. Jahre später lebte er in der Nähe von Cantwell und führte inzwischen Touristen durch den Denali-Nationalpark. Nach Pennsylvania ist er nie wieder zurückgekehrt, zu viele Menschen.

Kid, in seinen Vierzigern, war von Texas aus bis nach Bellingham getrampt. Sein gesamter Besitz passte in einen alten Seesack der US Army. Er hatte zehn Jahre Haft hinter sich, war gezeichnet von zu viel Nikotin, Whiskey und anderen Drogen, hager, hatte jede Menge Tattoos und nur noch wenige Zähne. Seine Kleidung war abgetragen und schäbig. In der Hosentasche trug er ein in Folie eingeschweißtes, zerknittertes und leicht verblichenes Farbfoto, vor seiner Inhaftierung aufgenommen. Es zeigte seine Frau und die beiden damals drei und fünf Jahre alten Kinder. Seine Frau ließ sich später scheiden, noch während er im Gefängnis war, der Kontakt zu seinen Kindern wurde ihm untersagt. Wenn er das Bild rauszog, fing der Zwei-Meter-Mann an zu heulen wie ein Schlosshund. Er hoffte in Alaska auf Arbeit im Strassenbau. Geld besaß er kaum, aber er war stolz darauf, seit dem Knast *clean* zu sein. Begleitet wurde Kid vom zwanzigjährigen Leo, den er irgendwo auf der Straße getroffen hatte. Leo kam von einer Farm aus Wyoming und war von dort abgehauen, weil er den gewalttätigen Vater und die vielen kleinen Geschwister nicht mehr ertragen konnte. Er hatte nie richtig die Schule besucht, konnte mehr schlecht als recht lesen und schreiben, hatte bisher nur auf der Farm seiner Familie geschuftet. Alaska sollte für die beiden vielleicht ihr *last resort*, ihre letzte Zuflucht, werden, in der sie es endlich schaffen wollten.

Und dann war da noch John, um die sechzig, aus Santa Monica, Kalifornien. Ein typischer *businessman*, der geschäftlich in Bellingham zu tun hatte. Als er in Fairhaven die »Malaspina«, eines der Fährschiffe, liegen sah, kaufte er sich kurzerhand eine Karte und ging an Bord – so, wie er war, im Anzug, mit Schlips und Aktenkoffer, ohne Jacke oder sonstiges Gepäck. Er wollte einmal in seinem Leben etwas Verrücktes machen. Beim Schiffspersonal schnorrte er Decken und Kissen fürs *solarium*, kam strahlend wieder aufs Deck zu seinen neuen Freunden und rief freudig mit dem Kissen wedelnd: »I've got pillows!«. Im Bordladen kaufte er dann doch noch eine Windjacke mit dem Alaska Marine Highway-Logo. Als John zwei Tage später in Juneau wieder von Bord ging, meinte er, dass die Zeit auf dem Schiff die schönste seines Lebens gewesen sei. Auf solche Erfahrungen zugunsten eines vielleicht relativ bequemeren und deutlich kürzeren Direktflugs zu verzichten wäre doch schade, oder?

Einzig legitime Alternative zum Alaska Marine Highway System, und die Wortwahl deutet die Ebenbürtigkeit zumindest in der Wertigkeit ja schon an, ist die Anreise über den legendären Alaska Highway, kurz ALCAN (Alaska-Canadian Highway), was mit Blick auf den viel längeren kanadischen Anteil dieser Straßenverbindung auch angemessener scheint. Je nachdem, wo man die Reise mit dem Wagen beginnt, ob in Kanada oder schon in den *lower 48* der USA, braucht es bereits mehrere Tage, um den *mile marker* »0« des Alaska Highway in Dawson Creek, British Columbia, zu erreichen.

Sein Bau gilt für manche neben dem Panamakanal als kühnstes Ingenieurprojekt des 20. Jahrhunderts. Innerhalb von nur acht Monaten stampfte die US-Armee 1942 die 2300 Highway-Kilometer in den nordischen Permafrost. Obwohl es Pläne für eine Straße durch den Norden bis nach Alaska schon länger gab, führte das japanische Invasionsbestreben im Zweiten Weltkrieg Richtung Westküste Nordamerikas letztlich zur raschen Umsetzung. Nach der Bombardierung von Pearl Harbor im Dezember 1941 konnte Präsident Roosevelt seinen kanadischen Kollegen von dieser vermeintlich so wichtigen Nachschubstraße zur Friedenssicherung überzeugen. Tatsächlich besetzten die Japaner mit einem Angriff im Juni 1942 zwei Inseln der Aleuten und drangen damit auf amerikanisches Territorium vor. Das beflügelte die Arbeiten am ALCAN weiter. In Rekordzeit schlugen Tausende von Soldaten eine Schneise durch die Wildnis, trotzten dabei arktischer Kälte, gierigen Moskitoschwärmen und heimtückischen Sümpfen. Die Fertigstellung im Oktober und damit die erste Landverbindung zwischen den kontinentalen USA und Alaska wurde zunächst als heroischer Akt gefeiert, den viele lange für unrealisierbar gehalten hatten. Wenige Monate danach aber vertrieben amerikanische Soldaten die Japaner wieder von den Aleuten, die Japaner zogen sich weitgehend zurück. Der Glanz um den Bau verblasste rasch, zumal sich die eigentliche Grundlage damit erübrigt hatte.

Aber nun war die Straße ja schon mal da, also konnte man sie auch weiter nutzen. Das blieb allerdings lange Zeit ein halsbrecherisches Unternehmen. Das Klima des Nordens, mit Eis und Schnee im Winter und Regen und Schlamm im Sommer, setzte der Schotterpiste hart zu. Manche Abschnitte blieben oft tagelang unpassierbar. Erst als die notdürftigen Brücken ersetzt waren und großflächig asphaltiert wurde, entwickelte sich der Alaska Highway zur Hauptverkehrsader, auf der Güter und vor allem im Sommer Touristen in den Norden transportiert werden. Aber selbst heute noch kann der ALCAN für Reisende eine Herausforderung sein. Die Distanzen zwischen den Siedlungen sind mitunter so lang, dass man die Tankstopps akribisch genau planen muss. Liegt die öde Prärie der kanadischen Plains erst mal hinter einem, belohnt die phantastische Bergkulisse der Northern Rockies den Autofahrer, um dann wieder monotoner Taiga Platz zu machen, durch deren dichte Fichtenwälder man kaum Abwechslung am Wegesrand ausmachen kann. Dafür werden Sie hier möglicherweise während der mindestens dreitägigen Fahrt bis zur alaskanischen Grenze mehr Tiere sehen als im Verlauf der gesamten Reise durch Alaska. Bisons, Elche, Karibus, Dallschafe, Schwarzbären und Grizzlys tummeln sich wie selbstverständlich entlang des Highways im Straßengraben, auf der Suche nach Nahrung oder einer Brise, die zumindest für einen Moment von den lästigen Moskitoschwärmen befreit. Allein deshalb schon lohnt die Fahrt, auch wenn nach vielen Highway-Stunden durch Kanada die Sehnsucht nach Alaska ins Unermessliche steigt. Endlich ankommen mag sich dann zur obersten Priorität entwickeln, egal wie oft Sie im Vorfeld betont haben, der Weg sei das Ziel.

Spätestens dann aber erahnen Sie auch, dass Alaska wirklich verdammt weit weg liegt und man für eine Reise hierher mehr Zeit einplanen muss als in den im europäischen Vergleich immer noch vielfach verschwenderisch dünn besiedelten Landesteilen im Süden. Alaska in sieben Tagen geht eigentlich genauso wenig wie Europa in einer Woche, auch wenn das viele Amerikaner und Asiaten versuchen, weil der Jahresurlaub nicht mehr hergibt. Europa aber ist zugepflastert mit Straßen, Gleisen und Flugverbindungen. Wer es wirklich darauf anlegt, kommt innerhalb von 24 Stunden an nahezu jeden beliebigen Ort. In Alaska wird allein schon der Besuch der Hauptstadt in diesem Zeitraum zur Herausforderung. Wer sich in Europa vier, fünf Stunden ins Auto setzt, hat danach vermutlich ein anderes Land erreicht. Im Osten der USA kann man es in dieser Zeit locker durch drei Bundesstaaten schaffen. In Alaska hingegen kommt man nicht mal von Fairbanks nach Anchorage. *Think Big!* Vor allem wenn es um Entfernungen geht, die hier für das europäische Hirn auf Anhieb kaum begreifbar sind.

Offiziell endet der ALCAN in Delta Junction, rund

160 Kilometer südlich von Fairbanks, das dann über den Richardson Highway, die älteste Straße Alaskas, die seit den 1920er-Jahren mit dem Auto befahren werden kann, erreichbar ist. In Delta Junction haben Sie aber nicht nur das Ende des Alaska Highway erreicht, sondern auch gleichzeitig Anschluss an das eigentliche *road system*, das sehr überschaubare Straßennetz Alaskas, gefunden. Nur etwa ein Fünftel des Staates ist tatsächlich dadurch erschlossen. Und es soll Besucher gegeben haben, die sich fest vornahmen, nach Nome an der alaskanischen Westküste zu fahren, um dann erst bei Übernahme des Mietwagens kurz nach der Ankunft am Flughafen in Fairbanks festzustellen, dass dorthin ja überhaupt keine Straße führt. Mittlerweile durchziehen rund 25 000 Straßenkilometer die Wildnis, nur etwa ein Drittel davon ist befestigt. Zum Vergleich: Deutschland verfügt über fast die zehnfache Menge allein an überörtlichen Verbindungen, also Autobahnen, Bundes- und Landstraßen.

Dafür tragen die wichtigen Highways in Alaska allesamt neben der sonst üblichen Nummer einen Namen, der Ihnen spätestens dann geläufig sein sollte, wenn Sie jemanden nach dem Weg fragen müssen. Niemand wird sich in seiner Beschreibung auf die Nummer beziehen. Den Alaska (Nummer 2) und den Richardson Highway (Nummer 4) als Nord-Süd-Verbindung zwischen Fairbanks und Valdez kennen wir schon. Andere Straßen, auf denen Sie vermutlich unterwegs sein werden, sind der Seward Highway (9) aus Anchorage auf die südlich gelegene Seward Peninsula mit Homer und Seward als Zielen, der Glenn Highway (1) von Anchorage nach

Osten und der Parks Highway (3) zwischen Anchorage und Fairbanks, über den man auch zum Denali-Nationalpark gelangt. Deswegen heißt er allerdings nicht so; vielmehr ist er nach George Parks benannt, einem frühen Gouverneur Alaskas. Der Denali Highway (8) verbindet den Richardson mit dem Parks Highway, bildet also die direkteste Route zum Denali Park, wenn man auf dem Landweg nach Alaska einreist. Allerdings ist der Denali Highway größtenteils eine raue Schotterpiste, auf der man kaum schneller als fünfzig Stundenkilometer fahren soll und kann. Ähnlich rustikal geht es auf dem Taylor (5) Richtung Dawson City im Yukon, dem Steese (6) nach Circle am Yukon River und vor allem dem Dalton Highway (11) zum Arktischen Ozean zu. Trotzdem oder vielleicht gerade deshalb ist der Dalton eine von Touristen im Sommer gerne benutzte Straße. Sie teilen sich die über 600 Schotterkilometer mit den Trucks des Pipeline-Betreibers Alyeska, für den die Trasse während der Bauphase angelegt wurde, um Nachschub bis zu den Ölfeldern an der Prudhoe Bay zu transportieren. Der spektakuläre Verlauf über den Polarkreis und die Pässe der Brooks Range sorgte dafür, dass der Dalton Highway in diversen Episoden der erfolgreichen TV-Doku-Serie »Ice Road Truckers« eine Rolle spielte, auch wenn der Dalton keine klassische *ice road*, also eine nur im Winter befahrbare Eisstraße über zugefrorene Flüsse, Seen und Buchten, ist.

Die Bedeutung des Dalton Highway wurde mir schon bei meiner Kanutour auf dem Yukon bewusst, über den er mit der einzigen Brücke in ganz Alaska geführt wird.

Sie markiert in etwa Halbzeit für die wenigen Paddler, die jedes Jahr auf der kompletten Strecke bis zur Mündung unterwegs sind. Und die Brücke ist Ziellinie für das brutalste Kanurennen der Welt, das *Yukon 1000*. Tausend Meilen von Whitehorse, Yukon Territory sind es bis hierher. Dafür brauchen die Teilnehmer sieben bis zwölf Tage, trotzen Müdigkeit, Erschöpfung, Gegenwind und Schlechtwetterfronten. Als ich hier Mitte Juli kurz vor dem Finale des Rennens ankam, bastelte Dorothy gerade noch an den letzten Küchenmagneten aus Birkenrinde, auf die sie den Zieleinlauf mit kindlich anmutenden Pinselstrichen skizzierte. Vielleicht würden die bald eintreffenden Finisher die Souvenirs als kleines Andenken mitnehmen und ihr ein paar Extradollar bescheren. Jedes Jahr im Sommer schlug die zweifache Mutter ihr kleines Sonnenzelt am Rand des weitläufigen Schotterparkplatzes vor dem Yukon River Camp auf und verkaufte Selbstgebasteltes. Dosen und Armbändchen aus gestanzter Birkenrinde oder auch mal eine archaisch aussehende Handtasche, gefertigt aus dem Fell eines Wolfes, den ihr Mann in den Wäldern erlegt hatte. Gemeinsam lebten die beiden seit einiger Zeit ein Stück flussaufwärts auf einer eigens gerodeteten Lichtung in der selbst gebauten Holzhütte. Fast jeden Morgen schipperte Dorothy dann von dort mit dem motorisierten Kanu zu ihrem Arbeitsplatz am Camp. Die ehemaligen Wohncontainer der Pipeline-Bauarbeiter waren hier inzwischen zu einer Motel-Restaurant-Kombi mit Zapfsäule und Miniwerkstatt umfunktioniert. In der kurzen Sommersaison herrschte reger Betrieb. Unablässig stoppten die Arktistouristen auf ihrem Weg zum nicht weit entfernten Polarkreis. Manchen reichte ein Ausflug mit obligatorischem Schnappschuss dort, andere wollten bis ganz rauf nach Prudhoe Bay ans Meer. Sie betankten ihre BMW-Enduros oder feierten die Ankunft im wilden Norden mit einem Stück selbst gebackenen Kirschkuchen, das ihnen studentische Ferienjobber im schlicht eingerichteten Speisesaal unter funzeligem Neonlicht servierten. Der Küchenchef bereitete unterdessen das abendliche All-you-can-eat-Büfett für eine Gruppe Arbeiter vor, die sich angekündigt hatte.

Das Camp wirkte wie eine spröde Oase inmitten grandioser Wildnis. Vor Kurzem hatte ein Grizzly sich durch ein Fenster nachts Zugang zum Restaurantgebäude verschafft und seine Futtergier mit dem Leben bezahlt. Seitdem zierte ein comichaft aufgemalter Bärenhintern die vorübergehend eingesetzte Sperrholzplatte. Auch wenn der Sprit einen Dollar teurer ist als im 200 Kilometer entfernten Fairbanks, kaum einer fährt vorbei. Billiger wird's hier oben entlang der Strecke nicht mehr. Einmal duschen kostet zehn, das Doppelzimmer gar 200 Dollar. Tribut an die Abgeschiedenheit und Rolle als einzige Kreuzung der beiden wichtigsten Verkehrsadern ins Hinterland, Yukon River und Dalton Highway. Auf dem Schotterparkplatz reihen sich großräumige Trucks nebeneinander, mit denen ihre Besitzer Aluboote erst hier hochziehen und dann in den Fluss schieben, um anschließend in die Fischcamps oder Heimatdörfer zu brausen. Park & Ride, Alaska Style. Auch am Kiesufer ankern Motorskiffs bis zur Rückkehr ihrer Kapitäne.

Nachdem ich die Beringsee mit dem Kanu erreicht hatte, kehrte auch ich im September mit meinem alten Ford-Truck »Loretta« zurück auf den Dalton Highway. Ich wollte ihm und der Pipeline bis ganz nach Norden zum Ölcamp Deadhorse folgen. 1991 wurde die einstige *haul road* auch für den Touristenverkehr freigegeben, ohne dabei ihren eigentlichen Zweck als Nachschubstraße für die Ölfelder und Pumpstationen zu verlieren. Seitdem verkehren auch Kleinbusse und bringen Besucher für einen halben oder ganzen Tag aus Fairbanks in die spektakuläre Tundra. Wer sich um seinen eigenen Wagen nicht sorgt, holpert selbst über die Waschbrettpiste. Schon nach kurzer Zeit klebt aufgespritzter Strassenschleim an der Karosserie und verleiht dem Gefährt eine verwegene Dakar-Patina. Bewässerungstrucks sorgen dafür, dass die Lkws nicht zu viel Staub aufwirbeln und die Sicht dadurch gefährlich einschränken können. Spätestens mit Überschreiten des 1400 Meter hohen Atigun-Passes in der Brooks Range meint man dann, eine andere, surreale, baumlose Welt erreicht zu haben, die jedem Fantasy-Abenteuer als grandiose Kulisse dienen könnte.

Als ich mit meinem Truck dort neben der Straße campierte und nachts gegen zwei Uhr aufwachte, tanzten über mir lautlos die Polarlichter. Nie zuvor hatte ich ein solch magisches Schauspiel erlebt, griff zu Kamera und Stativ und fotografierte wie im Rausch die ständig wechselnden Grüntöne am Himmel. Eine arktische Brise unterstrich die unwirtliche Nacktheit der Landschaft, in der Menschen maximal geduldet sind – wenn die Natur es gestattet. Eine wohltuende, erdende Ohnmacht erfüllte mich, als ich nach dem halbstündigen Spektakel beseelt zurück in den Schlafsack kroch. Die gleißende Herbstsonne des nächsten Morgens verwischte alle Spuren der nächtlichen Inszenierung.

Vielleicht ist der Dalton die wildeste Straße, aber auch die anderen Highways hier im Norden sind etwas Besonderes, für amerikanische Verhältnisse spärlich vorhanden und wenig komfortabel. Hinweisschilder auf *roadhouses* kündigen in der Regel nicht die nächste Raststätte an, sondern die meist zerfallenen Relikte einer glorreichen Ära, als die Goldfunde im 19. Jahrhundert für einen ersten Zuwanderungsboom sorgten und im Gefolge entlang der Hauptrouten in regelmäßigen Abständen Übernachtungs- und Proviantmöglichkeiten geschaffen werden mussten. Auch wenn die meisten dieser aus groben Holzbalken errichteten Gebäude heute größtenteils eingestürzt sind oder gar vom Zahn der Zeit bis zur Unkenntlichkeit zernagt wurden, ein kurzer Stopp lohnt sich allemal. Und sei es nur zur gespenstischen Erinnerung, dass am Ende hier in Alaska nichts von Menschenhand Geschaffenes auf Dauer Bestand haben wird. Ihren Sprit und Snacks müssen Sie andernorts besorgen und sich wie schon bei der Anreise über den Alaska Highway im Vorfeld am besten genau darüber informieren, wo und wann beides verfügbar ist. Decken Sie sich dann ruhig großzügig ein, füllen Sie den Ersatzkanister randvoll, verstauen Sie die Tüte *beef jerky*, würziges Trockenfleisch, zusammen mit der Extragallone Wasser neben dem Notfallset aus Taschenlampe, Feuerzeug, Bärenspray und zusätzlichen Decken, und stellen Sie sich darauf ein, dass Hilfe im Falle einer Panne vielleicht erst am nächsten Tag kommt und Sie für eine Übernachtung am Straßenrand bestens gewappnet sein sollten. Ihr Handy wird im Zweifelsfall keinen Empfang haben.

Dass Sie tatsächlich mal nach dem Weg fragen müssen, ist hingegen eher unwahrscheinlich. So riesig Alaska auch sein mag, das Straßennetz bleibt wie schon angedeutet sehr überschaubar. Selbst aus Anchorage, der mit Abstand größten Stadt, führen eigentlich nur zwei Straßen, der Seward Highway nach Süden und der Glenn Highway nach Norden.

Bleibt nur noch der Hinweis: Falls Sie es gewohnt sind, Ihre amerikanische Highway-Erfahrung auch musikalisch zu untermalen, stocken Sie Ihre CD-Sammlung rechtzeitig auf, oder nehmen Sie Lade- und Verbindungskabel für den MP3-Player mit. Radio, selbst über Satellit, ist so weit im Norden kaum oder nur bruchstückhaft verfügbar.

Und Fliegen? Meine Präferenzen zur Anreise nach Alaska und die Gründe dafür habe ich Ihnen ausführlich dargelegt. Natürlich bleibt für viele, gerade mit begrenztem Zeitbudget, nur das Flugzeug als Option, um Alaska ansatzweise kennenzulernen. Und vor Ort ist *flightseeing* mit kleinen Buschfliegern ohnehin oftmals die einzige Möglichkeit, das Land zu erkunden und abgelegene Siedlungen zu erreichen. Dort sind die Bewohner dann vor allem mit lauten ATVs unterwegs, allradbetriebenen *all terrain vehicles*, die bei uns gemeinhin als Quads bekannt sind. Schon von Weitem ist das penetrante, hochfrequente Röhren der Motoren aus den Wäldern wahrnehmbar. Geradezu wohltuend satt erklingen da die fetten Achtzylinder unter den Hauben der ebenfalls gern gefahrenen Pick-ups. Während sie mancherorts im Süden chromgepimpt, tiefergelegt oder mit albern überdimensionierten Monsterreifen über die *freeways* donnern, findet man in Alaska meist die erfrischend unaufgeregte, schörkellose Variante, die kein Statement über die Manneskraft des Fahrers abgeben, sondern vor allem zuverlässig funktionieren muss. Auch im Winter, weshalb durchgängig kleine Stromstecker aus den Kühlergrills baumeln, mit denen bei eisigen Temperaturen der Motorblockheizer betrieben wird. Ebenfalls gern gefahren wird der *trusty rusty*, der weit mehr ist als nur die treue Rostlaube aus längst vergangenen Jahrzehnten und dem zwar die vielen langen Winter äußerlich beängstigend zugesetzt haben, der davon aber völlig unbeeindruckt läuft und läuft und läuft, wie ein nimmermüdes Duracell-Häschen. 4×4, *four by four*, also Allrad, gehört hier allerdings verständlicherweise zur Serienausstattung. Nur so ist ein Vorankommen auf den vielen unbefestigten Pisten oder eben im Winter gesichert.

Dann tauschen viele ohnehin Räder mit Kufen und ziehen mit *snow machines,* Schneemobilen, oder mit Schlittenhunden durch die Weite.

Welchen Weg *into the Wild* Sie selbst wählen, wie Sie der Wildnis begegnen, spielt letztlich nur eine untergeordnete Rolle. Alaska wird Sie überwältigen. Im positivsten Sinne.

Galoppierende Gletscher, Elchkötel, die vom Himmel fallen, und sechzig Tage ohne Sonne

»Mutter Natur unternimmt hier jedes Jahr mindestens einen ernsthaften Versuch, dich zu töten!«, scherzte ein Alaskaner, den ich in Anchorage für ein Interview traf.

Was lustig klingt, entpuppt sich aber schon bald als sehr ernst gemeinte Warnung und äußerst realistische Einschätzung von Alaskas erbarmungslosem Charakter, der die Menschen und das Leben hier prägt. Manchmal mag sich so ein Attentat scheinbar harmlos als vereister Gehweg maskieren, auf dem man unglücklich stürzt und fatale Kopfverletzungen davonträgt. Ein anderes Mal aber ist es vielleicht ein brutaler Schneesturm, in dem das Auto in einen Straßengraben rutscht und steckenbleibt, 200 Kilometer von der nächsten Siedlung entfernt. Der Motor versagt, innerhalb von Minuten fällt die Temperatur im Wagen auf die gleichen frostigen Werte wie draußen, und es bleibt nur noch Zeit, sich das Ausmaß der unvermeidlichen Erfrierungen auszumalen, sollte man es überhaupt lebend aus dieser Schneehölle schaffen. Oder es handelt sich um einen wildromantischen Gletscherfluss, in dem das Kanu in einer Stromschnelle kentert, und ganz plötzlich findet man sich umgeben von eisigen Wassermassen, die innerhalb weniger Minuten zur Hypothermie führen, zur gefährlichen Auskühlung des Körpers, die jedes Jahr für so manch tödlich ausgehenden Sportunfall verantwortlich ist.

Alaska fordert Respekt, den man ohne Nachfragen und Zögern zollen sollte. Gelegentlich amüsieren wir Europäer uns ja über die scheinbar unnötige Dramatisierung der Wetteraussichten durch die amerikanischen Medien. Da wird eine für europäische Verhältnisse eher durchschnittlich spektakuläre Sommerregenfront kurzerhand in die Kategorie schwere Unwetterwarnung gestuft, und die Bürger werden umgehend aufgefordert, Türen und Fenster geschlossen zu halten und bloß keinen Fuß mehr auf die Straßen zu setzen respektive ihre SUVs auf die Highways zu steuern. Wenn dann der Spuk nach einem kurzen Schauer und einer Handvoll weit entfernter Blitze schon wieder vorüber ist, fragt man sich unwillkürlich: Wie, das war alles? Wo bleiben die Tornados oder zumindest Orkanböen, die die Wetterwarnung suggerierte? Vielleicht neigen die Amerikaner manchmal zur Übertreibung, vieles muss halt irgendwie größer und dramatischer sein, auch die Wetterkapriolen.

Diese Annahme sollte Sie aber keinesfalls in Sicherheit wiegen, wenn Sie durch Alaska reisen. Hier scherzt die Natur weder, noch lässt sie sich auf Spielchen ein. Wer einen entscheidenden Fehler macht, bezahlt ihn womöglich umgehend mit seiner Gesundheit oder sogar mit seinem Leben. Das soll Ihnen nun keineswegs die Freude am Erkunden der atemberaubend schönen und vielfach einzigartigen Natur Alaskas nehmen. Wer seinen gesunden Menschenverstand auch mit auf Reisen nimmt und die Warnungen der Einheimischen nicht leichtfertig in den Nordwind schlägt, wird ein Land entdecken, dessen wilde Unberührtheit nirgendwo sonst in diesem Ausmaß und mit diesem Abwechslungsreichtum zu finden ist. Man kann nicht anders, als seiner fast magischen Anziehungskraft zu verfallen. Entkommen zwecklos und unerwünscht.

Lassen wir uns also überwältigen und beginnen unseren kleinen Exkurs durch die verschiedenen Regionen und Klimazonen abermals im Südosten. Hier liegt die schon erwähnte Inside Passage mit dem alaskanischen Panhandle, ein schmaler Küstenstreifen aus unzähligen Inseln, der sich von Ketchikan im Süden rund 800 Kilometer nach Norden bis zur Siedlung Yakutat erstreckt. Feucht, steil und unbeschreiblich schön ist es hier, Regen im Sommer eher Regel als Ausnahme. Um am nassen Dauergrau nicht irre zu werden, verkündet der Wetterbericht keine Niederschlagswahrscheinlichkeit wie sonst überall im Land, sondern blickt gelegentlich lieber auf die Aussichten für *liquid sunshine*, feuchten Sonnenschein. Eine fast liebvolle und ehrenwerte Umschreibung für das viele Wasser von oben, das entlang der Inside Passage für saftig grüne und großflächig geschützte Regenwälder aus Fichten, Tannen und Zedern sorgt. In tiefblauen Fjorden tummeln sich Orcas, Buckelwale und Seelöwen, reißende Wasserfälle stürzen aus den schroffen Steilwänden am Ufer, und mächtige Gletscher kalben Ehrfurcht gebietend ins Salzwasser des Pazifischen Ozeans.

Die Siedlungen zählen im sonst eher auf Funktionalität ausgerichteten alaskanischen Durchschnitt zu den ansehnlichsten und geschichtsträchtigsten. Ketchikan ist stolz auf die größte, aus mehr als dreißig Exemplaren bestehende Sammlung an historischen Totempfählen, Petersburg verdankt seinen Namen und Spitznamen »Little Norway« einer Reihe skandinavischer Einwanderer Anfang des 20. Jahrhunderts, Sitka wurde die Hauptstadt von *Russian America*, nachdem Vitus Bering schon bei seiner Expedition 1741 offenbar bis hierher vorgedrungen war. Später fand hier der Festakt zur offiziellen Übergabe Alaskas an die USA statt. Bis 1912 blieb Sitka die Hauptstadt Alaskas, dann wechselte der Regierungssitz ins nahe gelegene Juneau. Am Ende der Inside Passage liegen Haines und Skagway, die beiden einzigen Hafenstädtchen im Panhandle mit Straßenanbindung, sowie ein Stück weiter westlich der Glacier Bay-Nationalpark, dessen Gezeitengletscher sich die Touristenschiffe ähnlich spektakulär nähern wie Juneaus Drive-Trough-Glacier Mendenhall.

Auch dafür steht Alaska: Urzeiteis zum Anfassen. Nirgendwo sonst sind Gletscher zugänglicher und vom Wasser oder gar der Straße aus erreichbar. Insgesamt sollen sich 100 000 Eisfelder und Gletscher über das Land erstrecken, damit drei bis fünf Prozent der Gesamtfläche bedecken und ein gutes Stück zum eisigen Gesamtbild beitragen, das viele von Alaska haben, auch wenn es rein rechnerisch unbegründet ist. Nicht nur Touristen begeistern die sich ständig bewegenden Eismassen. Forscher untersuchen mithilfe der Alaska-Gletscher Klimaphänomene und staunen über den Columbia im Prinz William Sound, der zu den sich am schnellsten zurückziehenden Gletschern gehört. In seinen besten Tagen im Jahr 2001 gab er um bis zu dreißig Meter pro Tag (!) nach. Diese rasante Schrumpfung hat sich mittlerweile deutlich verlangsamt. Der Black Rapids Glacier am Richardson Highway weiter nördlich machte ebenfalls Schlagzeilen, allerdings in die entgegengesetzte Richtung. Er wuchs 1937 über einen Zeitraum von drei Monaten durchschnittlich eine Meile pro Monat und ging als »galoppierender Gletscher« in die Geschichte ein. Inzwischen hat auch er sich beruhigt.

Dem Panhandle Alaskas schließt sich die Region South Central mit dem Golf von Alaska an und verläuft in einem tausend Kilometer langen Bogen nach Westen bis Kodiak Island. Es ist gleichzeitig die am dichtesten besiedelte Gegend. Zwei Drittel aller Alaskaner sind hier zu Hause, die meisten in der 300 000-Einwohner-Metropole Anchorage, von der viele scherzhaft behaupten, das Gute an ihr sei, dass die Stadt nur fünfzig Kilometer von Alaska entfernt liege. Tatsächlich hat Anchorage vielleicht mehr mit Seattle im Bundesstaat Washington gemein als mit dem Rest von Alaska. Üppige Shoppingmalls, feine Restaurants mit internationaler Küche, lokale *coffee shops*, legendäre Pizza und eine Skyline, die vor der imposanten Bergkulisse ganzjährig schneebedeckter Gipfel auch fast wie eine anmutet. Aber spätestens wenn einer der rund 1600 im Stadtgebiet ansässigen Elche über den Radweg stakst oder hungrige Bären durch die Vorgärten toben, wird klar, wo in Amerika man sich befindet.

Während die eine Hälfte der Alaskaner also im Großraum Anchorage lebt und die andere sich darüber und, nicht ohne einen gewissen Neid, über die für alaskanische Verhältnisse nahezu dekadente Präsenz großstädtischer Annehmlichkeiten lustig macht, sind sich alle darüber einig, dass Anchorage eine Stadt der kurzen Wege ist. Ohne großen Aufwand oder ewige Fahrerei kann man gleich nach der Arbeit uralaskanischen Freizeitbeschäftigungen nachgehen. Hiken, Paddeln, Segeln, Skifahren, Fischen, Jagen – alles, was mit draußen zu tun hat, liegt verführerisch nah, die Natur nicht nur sprichwörtlich direkt vor der Haustür. Und wie sehr die Alaskaner dies schätzen und schützen, zeigt sich vordergründig auch in den riesigen Flächen, die unter Verwaltung der Nationalparkbehörde stehen. In diesem Zusammenhang wird immer wieder gerne auf den *Alaska National Interest Lands Conservation Act*, ANILCA, verwiesen, ein zäh und mühsam verhandeltes Papier, das nach der Unterschrift durch den scheidenden Präsidenten Jimmy Carter im Spätherbst 1980 auf einen Schlag mehr als 400 000 Quadratkilometer Wildnis als schützenswert auswies. Ob diese Vereinbarung tatsächlich einen Triumph für den Naturschutz darstellte oder doch nur ein fauler

Kompromiss zugunsten von Wirtschaftsinteressen war, sei im Moment dahingestellt und später diskutiert. Beim Blick auf die Karte fällt aber auf, dass lediglich ein Prozent der Landfläche sich in privatem Besitz befindet. Alaska ist also fest in öffentlicher Hand von Bund (65 %), Staat (24 %) und den Native Corporations (10 %), auf die ich ebenfalls an anderer Stelle eingehen möchte. Eine Ausnahmesituation im Vergleich zum Rest der USA, die aber nicht gleichzeitig bedeutet, dass es sich um unberührte Natur handelt, in der der Mensch keine nachhaltigen Spuren hinterlassen wird. Im Gegenteil. Aber auch davon später mehr.

Erfreuen wir uns jetzt lieber an der Einzigartigkeit und Dimension der alaskanischen Nationalparks. Denn natürlich liegt auch der größte Park Amerikas hier, der Wrangell-St. Elias-Nationalpark.

Die spektakulären 50 000 Quadratkilometer, das sind mehr als die gesamte Fläche der Schweiz, im Südosten Alaskas werden vom zweithöchsten Berg Nordamerikas dominiert. Die knapp 5500 Höhenmeter des Mount St. Elias sind auch deshalb so imposant, weil seine immensen Flanken nur wenige Kilometer vom Meer entfernt in den Himmel ragen. Bei uns wurde der Mount St. Elias durch eine gleichnamige Filmdoku über die vermeintlich längste Skiabfahrt der Welt von seinem Gipfel ein wenig bekannter, die drei Extremsportler aus Österreich und den USA im Sommer 2007 versuchten. Im zweiten Anlauf gelang es den beiden Österreichern schließlich, die geschätzten 35 Kilometer bis zur Icy Bay tatsächlich zu meistern. Das sind natürlich nicht die einzigen Superlative, die Alaskas South Central Region zu bieten hat. Der Cook Inlet, eine Meeresbucht des Golf von Alaska, die bis nach Anchorage reicht, verzeichnet regelmäßig einen der extremsten Tidehübe mit bis zu zwölf Metern Unterschied zwischen Ebbe und Flut. Auf MacLeod Harbor, einer Insel südlich von Anchorage, fielen im gesamten Jahr 1976 achteinhalb Meter Regen, mehr als irgendwo sonst in Alaska. Valdez, ein Stückchen weiter östlich, gilt als Schneehauptstadt mit durchschnittlich über sieben Meter Schnee pro Winter. Am unweit entfernten Thompson Pass wird mitunter locker das Doppelte verzeichnet, im Rekordwinter 1952/53 waren es sogar mal 25 Meter.

Ganz andere Rekorde werden im kurzen alaskanischen Sommer in und um Palmer, dem landwirtschaftlichen Zentrum Alaskas nördlich von Anchorage, erzielt. Obwohl hier Gemüse nur etwa sechzig frostfreie Tage zum Gedeihen bleiben, sorgen fast zwanzig Stunden Sonnenschein im Juni und ein nährstoffreicher Boden für ideale Wachstumsbedingungen und Ausmaße, die man andernorts nicht mal ansatzweise mit Superdünger erreichen würde oder in kritisch beäugte Verbindung mit Gentechnik und Radioaktivität brächte. Auf der Alaska State Fair im Spätsommer werden dann jedes Jahr die dicksten Rüben, schwersten Brokkoli und längsten Selleriestangen prämiert. 2012 wurde hier auch der angeblich neue Weltrekord für den größten Grünkohl registriert. Der Monster-*cabbage* wog mehr als sechzig Kilo und hätte mit seinen Ausmaßen locker einen Smart-Kleinwagen komplett verdecken können.

Skurril und bunt auf eine andere Art präsentiert sich Talkeetna, eine Künstlersiedlung am Parks Highway, die auch als Ausgangspunkt für die meisten Bergsteiger zum Denali dient. Überregional bekannt wurde der kleine Ort unter anderem für sein schräges *Moose Dropping Festival*, bei dem im Juli keine Elche, sondern deren getrocknete und lackierte Kötel mithilfe eines Ballons auf eine improvisierte Zielscheibe fallen gelassen werden, möglichst nah am Zentrum. Geboren wurde die Idee in einer feuchtfröhlichen Sommernacht 1972. Andere Goldstädtchen hatten Froschhüpfwettbewerbe oder Büffelfladenweitwurfturniere, womit ließe sich wohl Talkeetna promoten?, überlegten ein paar Jungs. Am nächsten Morgen schon begannen sie mit der Elchkötelsuche, eine Bierkiste wurde damit gefüllt, auf ein Backblech gekippt und die dunkelbraune Ernte anschließend im Ofen gut durchgeröstet. Zack, noch Klarlack drüber, eine Sperrholzplatte mit Zahlen versehen, und schon konnte es losgehen. Die von den Mitspielern geworfenen Kötel sollten möglichst auf den hohen Zahlen landen, die wurden addiert, und wer am Ende die größte Summe getroffen hatte, gewann. Später wurden die Regeln geändert, die Kötel nummeriert und Tombolatickets verkauft. Wessen Nummer nach dem gesteuerten »Abwurf« aus einem Ballon dem Zentrum der Zielscheibe am nächsten kam, bekam den Hauptpreis.

Weniger Glück als Fähigkeiten müssen die Teilnehmer beim inzwischen parallel stattfindenden *Mountain Mother Contest* beweisen. Einzige Voraussetzung fürs Mitmachen: Man muss tatsächlich Mutter sein, wie viele

Kinder man hat und ob man verheiratet ist oder nicht, spielt keine Rolle. Die Wettkampfdisziplinen – unter anderem in hüfthohen Anglerstiefeln mit zwei Wassereimern über einen Baumstamm balancieren, einen Ballonelch mit Pfeil und Bogen erlegen, Holzhacken, Windeln wechseln und auswaschen – gilt es mit einem »Baby« auf dem Rücken zu absolvieren. Als Preise winken nützliche Gutscheine für eine Rundumerneuerung inklusive Schönheitsbehandlung, Massage und neuer Frisur. Bei so viel schrägem Einfallsreichtum passt dann auch der Umstand ins Bild, dass der Ehrenbürgermeister von Talkeetna eine schwanzlose Katze ist, die sich vor Jahren schon bei der Wahl locker gegen die menschlichen Kontrahenten durchsetzen konnte. Seitdem soll *Stubbs* in der örtlichen Bäckerei Unterschlupf finden.

Folgt man dem Parks Highway weiter nach Norden, Richtung Fairbanks, gelangt man nach Interior, das weitläufige Hinterland im Herzen Alaskas. Und in die extremste Region. In kaum einer anderen Gegend wird es im Winter kälter, nirgendwo sonst im Staat während des Sommers so heiß. Im Juni 1915 stieg die Temperatur in Fort Yukon, knapp oberhalb des Polarkreises, auf fast 38 Grad, ein Rekord, der bis heute gilt. Dafür liegen die Werte im Winter auch gerne mal hundert Grad tiefer. Bilderbuch-Taiga mit schier endlosen Wäldern aus Birken, Espen und Krüppelfichten, die windschief aus dem unsteten Permafrost sprießen und dann trefflich als *drunken forest*, besoffener Wald, die Landschaft prägen. Das semiaride Klima mit nur geringen Niederschlagsmengen schafft schon im Frühsommer die Grundlage für monumentale Waldbrände, deren Rauchschwaden manchmal für Wochen den Himmel verfinstern und ein unangenehm beißendes Barbecue-Aroma übers Land legen.

Zwei Gebirgszüge begrenzen Interior Alaska, im Norden die Brooks Range, im Süden die Alaska Range mit dem Denali, auf dessen Gipfel man im Übrigen nicht hinauffahren kann, wie manch unbedarfter Tourist erwartet hätte. Die einzige Schotterstraße im Nationalpark endet immer noch fast fünfzig Kilometer entfernt und darf von Privatfahrzeugen nur in Ausnahmefällen genutzt werden. In der Literatur werden die beiden Gebirge gelegentlich als nördlichster Teil den Rocky Mountains zugeordnet. Nach neueren Erkenntnissen aber datieren die Forscher zumindest die Entstehung der Brooks Range deutlich früher als die der Rocky Mountains. Noch immer bebt und brodelt die Erde hier. Heiße Quellen und Verwerfungen tief unter der Kruste erinnern an die Zugehörigkeit großer Teile Alaskas zum sogenannten *Ring of Fire*, dem gefährlichen Pazifischen Feuerring, der immer wieder für Vulkanausbrüche und heftige Erdbeben verantwortlich ist. Zwischen den Bergketten entspringen oder verlaufen mächtige Flüsse, allen voran der Yukon, dessen Ursprung zwar in Kanada liegt, der dann aber ganz Alaska von Ost nach West durchzieht und schließlich nach über 3000 Kilometern als episch breiter Strom in die Beringsee mündet. Man möchte ohnehin in Interior Alaska ständig das Label *epic!* vergeben, aus Mangel an Alternativen, die die unfassbare Gewaltigkeit der Natur auch nur annähernd zutreffend beschreiben.

Dass ausgerechnet hier im Hinterland die zweitgrößte Stadt Alaskas liegt, ist dem Gold und dem Öl zu verdanken. Ohne die Goldfunde im Jahre 1902 wäre Fairbanks nicht gegründet, und ohne den Bau der Transalaska Pipeline mehr als siebzig Jahre später wäre die *Golden Heart City* nicht zu einem bedeutenden wirtschaftlichen Zentrum geworden, das sich eine im ganzen Land angesehene Uni leistet und heute in seinem *borough* rund 100 000 Einwohner zählt. *Borough* heißen in Alaska die Landkreise, die man im Rest der USA normalerweise *county* nennt.

Auch North Pole, die Heimat des Weihnachtsmanns, befindet sich im selben *borough*. Alle amerikanischen Kinder lernen ja schon in frühen Jahren, dass Santa Claus eigentlich am Nordpol zu Hause ist und dort mit seiner Frau ein geräumiges Vierzimmer-Iglu bewohnt. Jedes Jahr am 24. Dezember spannt er dann seine Rentiere vor den Schlitten, angeführt vom rotnasigen Rudolf, und bricht zur wichtigsten Mission der Weihnachtszeit auf – Geschenke verteilen! Wäre doch prima, wenn sich mit dieser Legende Geld verdienen ließe, dachten sich die Gründer von North Pole im Jahr 1952, zumal der eigentliche Nordpol verdammt weit weg und die amerikanische Durchschnittsfamilie selbst unter größtem Aufwand vermutlich eher schwierig zu einem Abstecher dorthin zu bewegen wäre. Ein Jahr später wurde aus ein paar privaten Ländereien, die Investoren aufgekauft hatten, eine offizielle Stadt, die hoffentlich noch einen Spielzeugfabrikanten anlocken würde, der dann mit großem Profit seine Waren exklusiv in der Heimat des Weihnachtsmanns produzieren könnte. Die Visionäre hatten schon den passenden Werbeslogan kreiert, »*Where the Spirit of Christmas Lives Year Round*« – Wo der Geist der Weihnacht das ganze Jahr über zu Hause ist, und jedes Etikett in Gedanken mit dem Zusatz »Proudly crafted in North Pole, Alaska – The Official Home of Santa Claus!« versehen. Leider blieb der kühne Plan ein Traum. Immerhin konnte sich das örtliche *Santa Claus House* als ganzjähriger Souvenir- und Geschenkeladen etablieren, den man über die Santa Claus Lane und den St. Nicholas Drive vom Richardson Highway aus erreichen kann. Mehr *fake* wird man in Interior Alaska nicht finden. Denn im rauen *bush* mit Siedlungen, die über Flüsse nur schwer zugänglich oder mit kleinen Buschflugzeugen aus der Luft erreichbar sind und die dort einen autarken Mikrokosmos bilden, ist kein Platz für Nippes. Hier geht es in allererster Linie um die nackte Existenz. Wie sehr, möchte ich im Kapitel »Plumpsklos und warum ohne Klebeband und blaue Bauplane hier gar nichts geht« ausführen.

Wer sich noch weiter nach Norden traut, kann den schon beschriebenen, über 600 Kilometer langen Dalton Highway als einzige Straße in die Arktis Alaskas wählen. Nach Überquerung der Dalton Highway Bridge über den Yukon River wandelt sich die Landschaft allmählich, und baumlose Tundra gewinnt die Überhand. Unendlich weit kann der Blick über die sanften Hügelketten schweifen. Flechten, Moose und Buschwerk sorgen für bunte Farbigkeit in der unwirtlichen Kargheit. Durch die Täler mäandern eiskalte Flüsse, flankiert von

Tümpeln und kleinen Seen. Nördlich der Brooks Range dringt man in die scheinbar menschenfeindliche Welt des North Slope ein, der sich bis zu den Ölfeldern am Arktischen Ozean erstreckt. Ohne die Pumpwerke der Pipeline und die Nachschubtrucks auf dem Highway hätte man das Gefühl, geradewegs auf einem anderen Planeten gelandet zu sein, so fremdartig wirkt das Land. Trotzdem leben hier Menschen, nicht nur in der Barackensiedlung für die Arbeiter der Ölfirmen mit dem äußerst trefflichen Namen Deadhorse, auch weiter westlich finden sich Häuser.

Barrow ist nicht nur die nördlichste Stadt Amerikas, mit dem zwangsläufig nördlichsten mexikanischen Restaurant der Welt, auf das gerne verwiesen wird. Die gut 4000 Einwohner von Barrow, vornehmlich Inupiat-Eskimos, leben ab Mitte November für mehr als sechzig Tage ohne Tageslicht. So lange verabschiedet sich die Sonne im arktischen Winter und kehrt erst Ende Januar zurück. Dafür bleibt sie im Sommer zwischen Mai und August ganze 84 Tage stetig am Himmel, ohne unterzugehen. 1988 sorgte Barrow weltweit für Schlagzeilen, als drei Grauwale vom Packeis der Beaufortsee eingeschlossen wurden und zwei Wochen später unter großem Medieninteresse und mithilfe zweier russischer Eisbrecher wieder befreit werden konnten. Steiler kann die Vorlage für eine Verfilmung eigentlich kaum sein. »Big Miracle« (»Der Ruf der Wale«) mit Drew Barrymore und John Krasinski floppte 2012 zwar an den Kinokassen, aber als Einstimmung auf die alaskanische Arktis ist er durchaus sehenswert.

Tundra bestimmt auch größtenteils das Land an der Westküste Alaskas. Diese Region ist die Heimat von Inupiat- und Yup'ik-Eskimos und reicht von der Seward Peninsula im Norden bis zur Bristol Bay im Süden. Dazwischen ergießt sich das riesige Delta von Yukon und Kuskokwim River in die Beringsee, das dritte Meer nach Pazifik und Arktischem Ozean, das an Alaskas Küste brandet. Auch deshalb hätte der Name Alaska nicht pragmatischer gewählt sein können. Er leitet sich von einem ähnlich klingenden Wort der Aleuten ab und bedeutet in etwa »Objekt, in dessen Richtung das Meer strömt«.

Nome, als größte Stadt im Norden, verfügt über ein beachtliches, rund 500 Kilometer langes Straßennetz, hat aber selbst keine Highway-Anbindung. Noch nicht. Die Pläne zur Erschließung des Nordwestens liegen schon in den Schubladen. Angesichts des gewaltigen Ausmaßes und nötigen Aufwands aber wagt niemand eine Prognose, wann eine solche im Moment noch utopische Straße fertiggestellt sein könnte. So lange also müssen die rund 3500 Einwohner auf Flugzeuge, Boote, Schneemobile oder Hundeschlitten zum Reisen ausweichen. Denn dafür ist Nome, neben dem Goldrausch 1899, der den am Klondike ablöste, weltberühmt. Hier endet jedes Jahr im März das legendäre *Iditarod*, nachdem die *musher*, die Hundeschlittenführer, mit ihren Gespannen mehr als tausend Meilen aus Anchorage zurückgelegt haben. Davon wird an anderer Stelle noch ausführlicher die Rede sein. Das südliche Zentrum der Region bildet Bethel am Kuskokwim River mit mehr Einwohnern als Nome (über 6000), deutlich weniger Straßenkilometern (nur geschätzte 25), dafür aber angeblich mehr als neunzig Taxifahrern, was Bethel mit Blick auf die Einwohnerzahl zur Taxihauptstadt Amerikas machen würde. Nirgendwo sonst im Land liegt die Dichte höher.

Und noch ein Rekord, allerdings schon für die letzte Region South West mit der Alaska Peninsula und den Aleuten, der 1600 Kilometer langen Inselkette, die bis fast nach Asien reicht. Im November 2000 wurde dort in Dutch Harbor, weit draußen im Pazifischen Ozean, der stärkste Wind Alaskas gemessen. Mit Geschwindigkeiten von bis zu 230 Stundenkilometern, die jedem Hurrikan zur zweifelhaften Ehre gereichen würde, fegten die Luftmassen über den Makushi-Vulkan und die örtliche Krabbenkutter-Flotte im Hafen. Wind, oder, vielleicht passender, Sturm, zählt auf den Aleuten genauso zum Alltag wie der *liquid sunshine* für die Menschen des Panhandle, wo wir unsere kleine Tour durch Alaska begonnen haben. Darüber aber wird sich kein Alaskaner ernsthaft beklagen.

Das Wetter und seine Phänomene unterstreichen nur die Unbändigkeit des Landes und mahnen abermals zur Wachsamkeit. In mancher Gegend kann man Sommer, Winter und dann wieder Sommer an nur einem Tag erleben. Heißer Sonne folgt ein überraschender Schneeschauer, der alsbald in durchdringenden Regen übergeht, um kurz darauf schon wieder mit einem unwirklich bunt schillernden Regenbogen von der Sonne vertrieben zu werden. Das dramatische Wechselspiel ähnelt dem nicht minder krassen Gegensatz von Tageslicht im Sommer und Winter. Von non-stop bis gar nicht. An ein und demselben Ort kann man im Sommer einen Hitzschlag erleiden und im Winter sich dort schwerste Erfrierungen zuziehen. Moderat passt hier in keinen Wortschatz. Klar, dass es in solch einem Land der massiven Extreme auch keine Übergangszeiten gibt. Jedenfalls keine richtigen. Frühjahr und Herbst dauern in Alaska gefühlt eine Woche. Davor und danach ist Winter, dazwischen ein kurzer, aber heftiger Sommer mit betörendem Sonnenlicht. Bei klarem Himmel über dem weiten Land berührt und verzückt es die Seelen auf eine ekstatische Weise wie sonst nur die psychedelischen Spiralaugen von »Dschungelbuch«-Schlange Kaa den kleinen Mogli.

So beeindruckend und spektakulär aber die Lebhaftigkeit des Sommers auch sein mag, Alaskas eigentliche Jahreszeit bleibt der Winter. Neun Monate hat er das Land und die Menschen fest im eisigen Griff. Dort wo der Schnee im Sommer taut, kann er bereits im August dauerhaft zurückkehren. Und erst im nächsten Juni sind auch die letzten Reste der meterdicken Eisschicht auf Flüssen und Seen verschwunden. Kräftige Stürme treiben die ohnehin schon arktischen Temperaturen durch den Windchill-Effekt in tatsächlich gefühlte Bereiche jenseits der Vorstellkraft von minus siebzig Grad und weniger. Wer darauf nicht vorbereitet ist, riskiert fatale Folgen. Gelegentlich sieht man auf den Parkplätzen in Fairbanks jemanden, der bei minus vierzig Grad aus seinem warmen Auto aussteigt und dann mit Jogginghose und Turnschuhen bekleidet rasch in den Supermarkt schlurft, um noch schnell Biernachschub und Cracker für den Videoabend zu besorgen. Wenn der geheizte Wagen dann aber auf dem Heimweg mal liegenbleibt, weil der Motor in der Kälte plötzlich versagt oder man den Elch direkt auf der Straße im Scheinwerferlicht zu spät erkennt und beim Ausweichen gegen einen Baum rutscht, dann wird aus einer zunächst nur misslich erscheinenden Lage ganz schnell eine lebensbedrohliche Notfallsituation. Erfahrene Alaskaner führen deshalb gerade, aber nicht nur im Winter stets ein Survival Kit im Kofferraum. Schneeschuhe, Stiefel, Daunenjacke, Daunenschlafsack, Decken, Handschuhe, Mütze, trockene Socken, Signalfeuerraketen, und wenn es über Weihnachten zu den Eltern über Land nach Anchorage geht, ein *cooler* randvoll mit unverderblichen Lebensmitteln, um die gesamte vierköpfige Familie für mindestens eine Woche durchzubringen, bis im Fall eines Unglücks die Suchtrupps endlich im Schneesturm zum Unfallort vorgedrungen sind.

Niemand springt hier einfach ins Auto und fährt los, denn Wetter und vor allem den Winter darf man in Alaska nicht unterschätzen und schon gar nicht ignorieren. Man kann es nicht oft genug betonen, aber der im behüteten Europa weichgespülte Verstand sollte sich schnellstens an die neuen Spielregeln im Norden gewöhnen und sie gefälligst einhalten. Manche sehnen dann den Sommer herbei, auch als Belohnung für ständig kalte Finger im Winter, wenn man zudem frühmorgens schnell aus dem Haus sprinten muss, den draußen geparkten Wagen startet und dann wieder drinnen in molliger Wärme minutenlang ausharrt, bis sich die Temperatur in der Fahrerkabine endlich zumindest dem Gefrierpunkt nähert. Als blauer Umweltengel ist man gelegentlich spontan versucht, den Zündschlüsel ziehen zu wollen, auch bei den fahrerlosen, vor dem Supermarkt mit laufendem Motor stehenden Autos. Nur so aber bleiben die Chancen gewahrt, das frisch gekaufte Obst und Gemüse ohne Gefrierbrand nach Hause zu schaffen.

Kälte und Dunkelheit mögen dem sonnigen Gemüt im Winter zudem einen langatmigen Dämpfer versetzen, aber wer die Warnungen respektiert, mag ihn als überraschend kurzweilige Jahreszeit für sich entdecken, in der sich immer wieder neue Aspekte offenbaren. Zum Beispiel, dass man im Winter viel weiter reisen kann. Zugefrorene Seen und Flüsse erweitern den Aktionskreis deutlich, und man erreicht mit der *snow machine*, dem Motorschlitten, oder mit dem Hundeschlittengespann Plätze, zu denen man im Sommer nur aus der Luft oder mühsam zu Fuß gelangt. Der Winter muss auch gar nicht finster sein, selbst wenn die Sonne schon nach ein paar müden Stunden, in denen sie sich nur träge über den Horizont schleppte, wieder dahinter versinkt. Gerade in hellen Mondnächten reflektiert der Schnee das Licht oft stark genug, um auf die sonst obligatorische Stirnlampe beim Spaziergang zu verzichten. Nach der Sonnenwende am 21. Dezember verlängern sich die Tage spätestens ab Februar in solch drastischen Sprüngen, dass man dem Blick auf die Uhr nicht mehr trauen mag. Konnte man letzte Woche um die Zeit kaum das Schlüsselloch an der Haustür im Scheinwerferkegel des geparkten Wagens ausmachen, wundert man sich jetzt beim Eintreten, warum der Flur selbst mit Deckenfluter so düster wirkt. Bis man sich der Sonnenbrille erinnert, ohne die man die grelle Wintersonne draußen nur unter Schmerzen hätte genießen können, und sie endlich von der Nase zieht. Der Vergleich hinkt zugegebenermaßen ein wenig, weil kaum eine Haustür in Alaska verschlossen wird, aber darum geht es im Kapitel zum Wohnen und Leben in Alaska (»Plumpsklos ...«) noch ausführlicher.

Und dann ist da ja auch noch die *aurora*, vielleicht Alaskas Hauptattraktion im Winter. Vor allem Besucher aus Japan scheinen vom surrealen Tanzen der Polarlichter angezogen zu werden wie sonst die heimischen Motten von der flimmernden Straßenleuchte. Manche Reiseveranstalter in Asien haben sich ganz auf Aurora-Touren spezialisiert und bieten Pauschalpakete an, bei denen die staunenden Besucher in arktistaugliche Expeditionskleidung verpackt für ein paar Stunden raus in die nächtliche Taiga gekarrt werden, wo das Schauspiel besonders spektakulär imponiert. Die in Interior Alaska ohnehin guten Chancen auf Nordlichter lassen sich auf der Website des Geophysikalischen Instituts der Universität von Fairbanks noch bestätigen, in dem man die Aurora-Vorhersage online verfolgt. Keine Feuerwerkinszenierung, und sei sie noch so aufwendig und farbenprächtig, kann auch nur ansatzweise mit dem Zauber der grünen, roten und violetten Polarlichter mithalten. Wissenschaftlich mögen es elektrisch geladene Teilchen des Sonnenwindes sein, die auf die Erdatmosphäre treffen und dort die

Luftmoleküle zum Leuchten anregen. Für die Alaskaner ist die Aurora borealis vielleicht der schönste Grund, dem Ende des Winters auch mit einem weinenden Auge entgegenzublicken.

Auf den Schulhöfen mag man den herannahenden Frühling am ehesten ausmachen. Sobald die Temperaturen über minus dreißig Grad steigen, dürfen die Schüler zwischen den Unterrichtsstunden wieder raus in die Pause. Manch einer trägt dann vielleicht nach einer lange über dem Land verharrenden Kältefront sogar schon wieder Shorts oder lässt Mütze und Handschuhe etwas leichtfertig zu Hause, weil sich nach vielen Wochen unter minus vierzig Grad plötzlich zehn Grad mehr schon deutlich wärmer anfühlen und die trockene Kälte ohnehin vom Körper eher toleriert wird als der nasskalte europäische Winter. Bald aber mehren sich die Zeichen, und vieles deutet darauf hin, dass der kurze Sommer wieder dem noch kürzeren Frühling folgen wird. Das Morris Thompson Besucherzentrum in Fairbanks hat in seinem wirklich sehenswerten Ausstellungsbereich einen Übergangsflur diesem Thema gewidmet und eindeutige Frühlingsboten an den knallgrün illuminierten Wänden arrangiert. Der Winter ist vorbei, liest man dort, wenn die ersten Trucks auf der Eisbrücke über den Chena River einbrechen, wenn der Schnee endlich feucht genug ist, um damit Schneebälle zu formen, wenn die Straßenbauarbeiten wieder beginnen, wenn sich die ersten Mücken aus ihrem Versteck wagen, wenn die Trucks Boote statt Schneemobile ziehen und wenn Hunderte von Läufern beim *Beat Beetho-*

ven versuchen, Beethoven zu schlagen und fünf Kilometer zu schaffen, bevor seine Fünfte Sinfonie endet, also in rund dreißig Minuten. Jeder erfolgreiche Teilnehmer erhält einen Gutschein für den Besuch einer Aufführung des Symphonieorchesters Fairbanks. Kein Scherz. Genauso wenig wie die seit über hundert Jahren ausgetragenen *Nenana Ice Classics*, bei denen die Teilnehmer im Vorfeld wetten können, wann der Tanana River im Frühjahr aufbricht und sich vom Wintereis befreit. Der Rekordjackpot lag im Jahr 2012 bei 350 000 Dollar.

Am Ende dieser vielen Rekorde bleibt die Erkenntnis, dass das Ausmaß an schönen Plätzen, die Dimensionen, mit denen Alaska aufwartet, jeden Reisenden überwältigen werden. Dabei protzt das Land nicht. Es beeindruckt mit seiner unwiderstehlichen Natürlichkeit. So wie die Menschen, die in, mit und von ihm leben.

Dresscode in Alaska: *Cheechakos* in kultig braunen Gummistiefeln

Alaskaner sind es gewohnt, in vor Begeisterung und Unverständnis weit aufgerissene Augen zu blicken, wenn sie auf Reisen erzählen, woher sie kommen. Mit einem ekstatisch langgezogenen ›*Whaaaaaaaaaaaaaaaaaaaaaaaat?!*‹ mag das Gegenüber seine Ungläubigkeit darüber noch untermauern, tatsächlich einem dieser exotischen Freaks begegnet zu sein. Schießlich können nur Verrückte und Geisteskranke aus freien Stücken in einem Reich leben wollen, wo Kälte, Dunkelheit und wilde Bestien regieren. Wobei in der unkontrollierten Spontanreaktion meist auch eine gehörige Prise Bewunderung mitschwingt. Dafür, es offenbar geschafft zu haben, sich gegen ungezähmte Natur und brachiales Wetter zu behaupten. In der Regel verbindet Alaskaner die bewusste Entscheidung, hier zu leben. Sie sind hier, weil sie hier sein wollen! Niemand bleibt aus Bequemlichkeit einfach hängen, dazu ist das Leben in Alaska zu hart, zu teuer und zu aufwendig.

Wann die ersten Menschen in Alaska siedelten ist unklar, aber die Forscher gehen mittlerweile davon aus, dass es bereits vor 20 000 Jahren erste Zuwanderungen über die Landbrücke aus Asien gab. Point Hope im Nordwesten gilt als der am längsten durchgängig bewohnte Ort, wo sich vermutlich schon vor mehreren Tausend Jahren Menschen niederließen. Während der eine Teil dieser frühen Einwanderer verschiedene Regionen Alaskas besiedelte, zog ein anderer weiter nach Süden ins heutige New Mexico und Arizona. Die dort lebenden Apachen und Navajo sind folglich mit den Athabasken-Indianern Alaskas verwandt, wie sprachliche Gemeinsamkeiten belegen. Als Nächstes kamen Mitte des 18. Jahrhunderts die Russen und mit ihnen die russisch-orthodoxe Kirche, deren charakteristische Zwiebeltürmchen noch heute manches Gotteshaus hier zieren, dann Angehörige der kanadischen Hudson's Bay Company und schließlich die Amerikaner, die 1867 ja bekanntermaßen das alaskanische Territorium dem russischen Zaren für 7,2 Millionen Dollar abkauften. Ein Spottpreis, wie wir heute wissen. Damals aber gab es viele kritische Stimmen zu diesem Deal. Die lukrativen Pelztiere waren zu einem großen Teil dezimiert oder ausgerottet, die reichen Vorkommen an Öl, Gas und Gold noch nicht entdeckt, das Land also ganz offensichtlich völlig wertlos. Die amerikanische Presse verunglimpfte den vermeintlichen Fehlkauf durch Außenminister William Seward als Torheit und stempelte

Alaska spöttisch als »Seward's Icebox«, als »Sewards Gefriertruhe«, ab. Rückblickend kann man über diese voreilige Großmäuligkeit nur müde lächeln. Unterschwellig mag sie gelegentlich noch heute spürbar sein und in herabwürdigenden Kommentaren über die Schlichtheit und den fehlenden Komfort im alaskanischen Alltag durchklingen. Abermals werden die Alaskaner sich dann mit der souveränen Zurückhaltung der *underdogs* triumphierend zurücklehnen und zwischen den Zeilen die Sehnsucht der anderen hören, nach einem simpleren Leben weit weg von ohnmächtigem Fernsteuerungsgejammere und ständigen Burn-out-Risiken.

Schon die Besiedlungsgeschichte deutet an: Alaska war und bleibt ein gelobtes Land für Zuwanderer. Mehr als die Hälfte der Bevölkerung heute stammt ursprünglich aus anderen Staaten oder Ländern. Anfangs lockten Pelze und Gold, dann dümpelte die Einwohnerzahl eine Weile vor sich hin. Aber spätestens mit dem Ölboom der 1970er Jahre setzten sich die Massen wieder in Bewegung und folgten der Verheißung von Wohlstand und Freiheit nach Norden. Das Konzept Amerikas vom Schmelztiegel der Welt funktioniert nirgends besser als in Alaska, dem Staat der Zugereisten. Fast jeder kam mal als *outsider* oder hat Vorfahren, die es hierher zog. Das verbindet und macht die Menschen offener und hilfsbereiter. Auf meinen vielen Reisen durch die USA habe ich die Amerikaner grundsätzlich als sehr gastfreundlich, sehr höflich und sehr umgänglich schätzen gelernt. In Alaska potenzieren sich diese Attribute in einem Ausmaß, das die gewohnt skeptische europäische Seele zunächst überfordert und misstrauisch werden lässt. Schon bald aber erkennt man, hier ist nichts vorgetäuscht oder aufgesetzt, kann seine heimatliche Miesepetrigkeit getrost ablegen und wird sich hoffentlich ganz dem so wohltuend herzlichen Miteinander anschließen.

Als ich bei meiner Yukon-Tour auf dem Fluss nach Alaska einreiste, meinte ich das schon bei der ersten Begegnung deutlich zu spüren. Kurz vor Eagle, einige Kilometer nach Passieren der Grenzlinie, brauste ein Motorboot mit zwei Männern auf mich zu. Schon von Weitem winkten sie geradezu überschwänglich, erkundigten sich nach meinen Plänen und wünschten mir schließlich sichtbar begeistert einen tollen Trip. Dieses leidenschaftliche Interesse wirkte weder gespielt noch übertrieben und tat nach tausend oftmals einsamen Kilometern durch Kanada richtig gut. Nicht dass die Kanadier unfreundlich wären, im Gegenteil. Aber vielleicht ein wenig zurückhaltender und manchmal auch schnoddriger, fast so wie im vertrauten Europa, wo soziale Kompetenz nicht zwangsläufig zu den Hauptugenden zählt. Noch ein Beispiel. Ich schreibe die Zeilen dieses Buches in einem Blockhaus am Rand von Skagway. Es liegt in einem Waldstück am Hang Richtung Dyea und gehört einem Elfenbeinschnitzer, der gerade mit seiner tschechischen Frau zur Entbindung des ersten gemeinsamen Kindes in Europa weilt. Als er von einer gemeinsamen Freundin erfuhr, dass ich auf der Suche nach einer Schreiboase in Alaska bin, hat er sein Heim spontan angeboten. Ohne dass wir uns je begegnet sind, und ohne Gegenleistung. Klar beschränkt sich

Gastfreundschaft nicht auf den amerikanischen Norden. Aber das Ausmaß und die Selbstverständlichkeit stellen alles in den Schatten, was ich auf meinen Reisen bisher erleben durfte.

Nur mit Nettigkeiten wird man freilich noch nicht zum Alaskaner. Manche sagen, es braucht mindestens einen kompletten Winter, den man durchgehalten haben muss, um vom *cheechako* (der Begriff leitet sich aus der Spreche der Chinook-Indianer ab) zum waschechten *sourdough* aufzusteigen. Die beiden Termini etablierten sich mit dem Goldrausch und unterscheiden zwischen einem unerfahrenen Neuankömmling, der erst von einem Kardinalfehler ins nächste Fettnäpfchen tritt und noch beweisen muss, dass er auch wirklich das Zeug hat, um hier zu überleben, und einem alteingesessenen Veteranen, der, stets auf alles vorbereitet, in seinem Gepäck auch immer einen wohlbehüteten Klumpen Sauerteig mitführte, um im nächsten Camp rasch neuen Teig für Brot zu Speck und Bohnen ansetzen zu können. Egal ob Goldsucher, Pipeline-Ingenieur, Aussteiger, Zivilisationsflüchtling, Outdoorsportler, – das Land wird die Menschen im Laufe der Zeit prägen, aus ihnen einen vielfach homogenen Menschenschlag formen, der neben seiner Vorliebe für Individualismus doch eine verschworene Gemeinschaft bildet, im besten Sinne. Es mag pathetisch klingen, aber gerade weil die Wildnis, die zweifellos alle lieben, sich so extrem gebaren kann, müssen die Menschen zusammenhalten und sich falls nötig eben jederzeit gegenseitig helfen, um durchzukommen. Der

Rhythmus der Natur bestimmt einheitlich ihren Alltag. Die kurzen, betriebsamen Sommer, in denen man jeden Sonnenstrahl gierig auskostet, das Gemüse im Garten wässert, mit der Familie am Wochenende nach Lachsen fischt und rechtzeitig die Holzvorräte für den langen Winter anlegt. In der kalten Jahreszeit wird es dann ruhiger, man trifft sich zum *potluck,* einem geselligen Beisammensein, zu dem jeder etwas Leckeres beisteuert. Es wird über die kleinen und großen Abenteuer des Sommers geplauscht, und ganz unspektakulär wächst eine kameradschaftliche Verbindung zwischen den Menschen, die sie schlicht als *community* loben. Jeder Besucher wird sie spüren und herzlich eingeladen, daran teilzuhaben.

Wer zunächst für einen Sommerjob als *rafting guide* nach Alaska kommt oder mit dem Militär für eine befristete Dienstzeit ein paar Jahre hier lebt, freundet sich über kurz oder lang so sehr mit diesem Zusammenhalt und dem ungekünstelten Wesen der Menschen an, dass er sich am Ende nicht selten entscheidet, dauerhaft zu bleiben. Auch ein Grund für die hohe Zahl der Zugereisten, die in Alaska mit offenen Armen empfangen werden, im Gegensatz zu mancher Region in Europa und speziell in Deutschland. Freundschaften knüpft man schnell, keine oberflächlichen, richtig enge. Wenn man möchte. Nicht nur das eigene Wohlergehen scheint im Vordergrund zu stehen, auch das der anderen, ob Nachbar oder Fremder spielt keine Rolle. Achtsamkeit gilt genauso für den Nächsten, selbstverständlich und ohne erzkonservative Scheinheiligkeitsparolen durch schmierige Fernsehprediger.

Und Alaskas Bürger sind mindestens so vielschichtig wie freundlich. Mehr als neunzig Sprachen werden im Schulbezirk von Anchorage gesprochen und sind Zeugnis für eine global zusammengesetzte Bevölkerung, die man auf Anhieb einer so abgelegenen nördlichen Stadt nicht zutrauen würde. Der bunte Mix an Kulturen schafft eine quirlige Atmosphäre voller Energie und jede Menge empfehlenswerte Spezialitätenrestaurants. Bleibt der Strom an begeisterten Alaska-Zuwanderern stetig, könnte die Einwohnerzahl innerhalb der nächsten zwanzig Jahre vielleicht schon die magische Millionmarke übersteigen. Aber das hängt auch von der Erschließung neuer Energieressourcen und der damit verbundenen Schaffung neuer Arbeitsplätze zusammen, heiß umstritten und nicht seriös prognostizierbar.

Dabei wäre Zuwachs so dringend nötig. »Die Datingszene hier ist furchtbar, echt beängstigend«, gestand mir Liz aus Anchorage, als ich mich mit ihr und einem Freund beim angesagtesten Inder der Stadt zu einem Groupon-Dinner traf. »Ich habe *eHarmony* probiert. Aber du musst auf deinem Profilfoto schon einen Bären niederringen, sonst sind die Typen hier nicht an dir interessiert.« Ja, vielleicht funktionieren in Alaska gelegentlich andere Schlüsselreize beim zwischenmenschlichen Gebalze. Das Grundproblem aber sei der sehr überschaubare Datingpool, ergänzte Kumpel Jesse. »Wir sind knapp über 700 000 Menschen in Alaska. Davon entfällt grob die Hälfte auf das andere Geschlecht. Reduzierst du weiter auf deine Alterklasse in deinem potenziellen Revier, wirst du schnell feststellen, dass du mit den meisten eh schon befreundet bist. Dann sind oder waren einige vielleicht bereits mit deinen besten Freunden liiert, die fallen also auch noch raus. Und am Ende bleibt nicht mehr viel übrig, das ins Beuteschema passt.« Die enge Vernetzung der Menschen offenbart sich auch beim beliebten *Alaska Name Game*, wenn sich Alaskaner, egal wo und wann, begegnen. Nach dem üblichen »Wie heißt du?«, »Woher kommst du?« ist die dritte oder vierte Frage meist: »Oh, kennst du den oder die …?« Spätestens nach drei genannten Namen findet sich dann oft tatsächlich ein Bezug. Kleine Welt in einem großen Land.

Es gibt noch einen Charakterzug, der zum alaskanischen Tugendkatalog gehört, geschaffen abermals durch das Land und die Lebensumstände. Denn wer in einer der zahlreichen Siedlungen ohne Straßenanbindung zu Hause ist, muss sein Leben selbst in die Hand nehmen und immer wieder improvisieren. Du machst dein eigenes Feuerholz, baust deine eigene Hütte und reparierst deinen Truck. Was du nicht kannst, lernst du. Vielleicht dauert es manchmal länger, bis ein Projekt erfolgreich abgeschlossen ist. Aber du ganz allein bist dafür verantwortlich. Wer auf den Kundendienst-Elektriker oder Automechaniker der Vertragswerkstatt setzt, wird bis auf Weiteres auf Licht im Haus und Mobilität verzichten müssen. In der Abgeschiedenheit des Buschs schaffen es nur *Jack of all trades*, autarke Alleskönner und solche, die bereit sind, sich die ureigenen Tugenden des amerikanischen *blue collar worker* draufzuschaffen. Nicht fragen, machen. Wenn du was willst, hol es dir. Zupacken statt die Hand aufhalten. Ich weiß, es klingt verdächtig nach platten Bootcamp-Parolen für schwer erziehbare Teenager. Dennoch, dieses virtuelle Motivationsmantra hilft in der täglichen Auseinandersetzung mit Widrigkeiten, verleiht den Menschen eine sympathische Kantigkeit, um die sie viele Mitstromschwimmer beneiden, und macht sie stolz. Auf sich, das Geleistete und das Land, an dem sie sich täglich reiben. *Alaskan and proud to be*, wie es demonstrativ selbst auf den Einkaufstüten und Kassenzetteln vieler Dorfläden steht.

Die einhergehende souveräne Gelassenheit spiegelt sich auch in der Kleidung der Alaskaner wider. Leser eines amerikanischen Reisemagazins wählten Anchorage im Frühsommer 2012 zur schlechtest angezogenen Stadt Amerikas. Es sei nicht ungewöhnlich, hier auf Menschen in übergroßen Parkas und unförmigen Arktisstiefeln zu treffen. Außerdem reagiere keiner alarmiert, wenn plötzlich jemand mit einer komplett das Gesicht verbergenden Skimaske den Raum betrete, hieß es zur Begründung. »Wenn euch voreingenommenen Schnöseln nicht gefällt, was wir hier in Anchorage, Alaska, tragen, Klamotten von North Face, Eddie Bauer, LLBean und REI, in denen wir bei minus zehn Grad snowboarden, skilaufen, hiken, fischen und jagen, dann haltet euch fern von Alaska. Wir werden euch nicht vermissen!«, empörte sich akgirl12 daraufhin online im Diskussionsforum des Magazins. So viel echauffierende Heißglut ist zwar untypisch für Alaskaner, die meist selbstbewusst über solch lächerlichen Verunglimpfungen stehen. Aber der *dress code* ist damit eigentlich schon hinlänglich umschrieben. Funktionalität und Bequemlichkeit entscheiden in Alaska, was man trägt. Für kurzlebige Modetrends und schicken Schnickschnack ist kein Platz. Im arktischen Blizzard zählt allein das Isolationsvermögen der Bekleidung, nicht, wie angesagt das Label im internationalen Vergleich abschneidet.

Wobei zwei Marken aus dem bewährten alaskanischen Bekleidungssortiment herausragen wie die Gipfel von Denali und Elias aus der Wolkenfront, die sie oft verhüllt. Richtig angekommen bist du in Alaska erst, wenn du deine ersten *Carhartts* in die *XtraTufs* steckst! Hamilton Carhartt gründete seine Firma für Arbeitskleidung 1889 und konzentrierte sich anfangs ganz darauf, robuste Overalls aus segeltuchartigem Jeansstoff für die Eisenbahner zu schneidern. Im Laufe der Zeit etablierte sich der Familienbetrieb aus Dearborn, Michigan als Hersteller äußerst strapazierfähiger Hosen und Jacken, die auf Großbaustellen und Farmen in ganz Amerika zur Arbeitsuniform wurden. Und zum wichtigsten Kleidungsstück in alaskanischen Haushalten, das in der Wildnis genauso taugt wie beim abendlichen Dinner oder Sektempfang des Bürgermeisters. Mittlerweile finden sich Carhartts auch in den Regalen von Trendläden europäischer und asiatischer Metropolen, dann allerdings meist in einer stylischen Variante, die die ursprüngliche kernig-markante Robustheit nur noch erahnen lässt. »Ich bin davon überzeugt, wenn ein Mann einen Artikel trägt, den ich fabriziere, wird seine Selbstachtung steigen. Weil er weiß, dass er von einem aufrichtigen Hersteller gefertigt wurde, der mit seinen Mitarbeitern rechtschaffen umgeht!«, wird der Gründer auf der Firmen-Website zitiert. In dieser für manche sicher kitschig und übertrieben kokett klingenden Erfolgsphilosophie finden sich uralaskanische Tugenden, die erklären mögen, warum Carhartts hier in keinem Kleiderschrank fehlen.

Noch einschneidender scheint der Erwerb der ersten XtraTufs zu sein. »Das war ein großer Moment für mich. Alle meinten, oh, das ist so großartig, willkommen in Alaska!«, erzählte Liz, die wir ja eben schon beim Inder kennengelernt haben, mit verklärtem Blick. Die quirlige Mittzwanzigerin arbeitet als Verkaufsleiterin für einen Veranstalter von Bootstouren im Kenai-Fjord südlich von Anchorage. Gerade dort im feuchten Regenklima sind die kultig-braunen Gummistiefel unabdingbar und so gern und häufig getragen, dass sie gemeinhin als Alaskan Tennis Shoes, Sitka Slippers oder Wrangell / Ketchikan / Petersburg Sneakers – je nachdem wo im Südosten man sich gerade aufhält – verkauft werden, wie selbstverständlich ganz ohne eigentliche Warenbezeichnung. Auch ich war nach dem Kauf meiner Ersten ganz verzückt. Den Yukon-Sommer hatte ich noch in der günstigen und unbequemen Supermarktvariante verbracht. Zum Glück wurde die am Ende der Reise auf dem Fluss gestohlen, und so konnte ich ohne schlechtes Gewissen im darauffolgenden Jahr vor meiner Rückkehr zum Yukon ein Vielfaches für meine neuen XtraTufs hinblättern. Der Name suggeriert es, XtraTufs haben nichts mit den bunten Billigstiefeln in europäischen Kaufhäusern gemeinsam, außer ihrer Funktion, die sie aber im Gegensatz zu den nur ganz entfernt verwandten Plagiaten mehr als erfüllen. XtraTufs sind unverzichtbare Hochleistungsausrüstungsbestandteile, ursprünglich in den 1960er-Jahren für die Fischerei-Industrie im pazifischen Nordwesten entwickelt. Der innere Neoprenschaft wird bei der Produktion dreimal in weiches Spezialgummi getaucht und sorgt durch die im Gegensatz zu einem herkömmlichen Gummistiefel deutlich engere Passform um die Knöchel für den legendären Tragekomfort. Die Qualität der Materialien schafft zudem ein Klima, in dem die Füße sich so wohlfühlen, als steckten sie in Hausschlappen, und die sonst obligatorische Geruchsbelästigung stellt sich nur sehr selten und nach exzessivem Einsatz ein. »XtraTufs sind die SUVs unter den Stiefeln, damit kommst du überall hin!«, begeistern sich die Fans und tragen sie nicht nur outdoors, sondern gesellschaftlich akzeptiert als alaskanisches Markenzeichen, wie andernorts der Schottenrock oder das Baskenkäppi, bei Hochzeiten oder sonntäglich in der Kirche. Zu jeder Jahreszeit. Immerhin gibt es auch eine isolierte Version. Die Farbpalette allerdings beschränkt sich auf einen einzigen Ton, den man vermutlich am treffendsten mit »kackbraun« beschreibt. Das aber schmälert die Attraktivität des Produkts in keiner Weise, sondern unterstreicht vielmehr das Selbstbewusstsein des Trägers. XtraTufs sind ein Statement. Wurscht, wie es aussieht, Hauptsache es funktioniert und erfüllt den Zweck! Aber Vorsicht, in die neuen Carhartts schlüpfen und die XtraTufs überstülpen macht noch keinen Alaskaner. Den Einheimischen erkennt man auch an seinem lässigen Gang, mit dem er voller Zuversicht in sich ruhend übers Hafendock stiefelt, versicherten mir alteingesessene *locals*. Im Winter wird er seine XtraTufs vielleicht gegen die ebenso famosen *Bunny Boots* tauschen. Die schneeweißen, klobigen Gummitreter aus Armeebeständen für Arktiseinsätze isolieren selbst bei mörderischen fünfzig Grad unter null. Kaum ein *musher*, der sie nicht schätzt, wenn er mit seinem Hundeschlittengespann über die eisige Tundra zieht.

Ansonsten gilt in Alaska zu jeder Jahreszeit das Zwiebelschalenprinzip, *dress in layers*, schichtenweise also, um auf die häufigen Wetteränderungen sofort reagieren zu können. Wer jemals mit dem Flieger aus den *lower 48* nach Alaska reist, wird das erleichternde Gefühl nachvollziehen können, das viele Alaskaner empfinden, wenn sie sich durch die hektischen, in teurem Fummel oder schnieken Businessoutfits steckenden Menschenmassen durchgekämpft haben und das Alaska Airlines Terminal erreichen. Dann nämlich wähnen sie sich endlich wieder unter ihresgleichen, umgeben von kuscheliger Wolle, Flanell, Fleece, Daune, und können sich entspannt in die Warteschlange fürs Boarding einreihen. Natürlich wird man auch in Alaska gelegentlich auf Manner in Anzügen oder Frauen in adretten Kostümchen treffen, vorzugsweise in Anchorage oder Fairbanks. Für die meisten Alaskaner aber bedeutet »förmliche Kleidung«: Zeit, die Carhartts mal wieder zu bügeln.

Alaska ist kein Zoo! Moskitos und andere Tiere …

Die Reise war lang. Mit Umwegen sicher 15 000 Kilometer. Von Grönland nach Norwegen, über den Atlantik nach New York, mit der Eisenbahn nach einmonatiger Quarantäne weiter bis Seattle, dort wieder aufs Schiff bis Seward. Und schließlich noch mal mit dem Zug bis nach Fairbanks, dem vorläufigen Ende einer wochenlangen Odyssee in engen Holzverschlägen. Kein Wunder, dass die Tiere erst mal unsicher wankend auf die Weide staksten. Zerzaust sahen sie aus, aber alle 34 hatten den ersten Teil des Experiments offenbar schadlos überstanden. Ihr Anblick glich Minibisons in fluffigen Fellstiefeln mit Hippiemähne und Waldschratbärten.

Kein anderes Tier verkörpert die raue Wildheit der Arktis so sehr wie der Moschusochse, außer dem Eisbär natürlich. Aber ihre steinzeitliche Vergangenheit als

Weggefährten von Mammut und Säbelzahntiger und das Dreadlockfell verleihen den Moschusochsen eine einzigartige Verwegenheit, die noch verstärkt wird, wenn die Herde sich zu einer dichten Trutzburg formiert, um gegen hungrige Angreifer und erbarmungslose Blizzards zu bestehen. Gegen ihren größten Feind, den Menschen, half ihnen das nichts. Spätestens um 1900 galten *musk oxen* in Alaska als ausgerottet. Trotz oder vielleicht auch gerade wegen der Großen Depression stellte der US-Kongress aber 1930 Gelder bereit, um Moschusochsen wieder anzusiedeln. Die Hoffnung war, dass sich so Arbeitsplätze schaffen und mit dem Fleisch und der Wolle, die als eine der feinsten und wärmsten gilt, Profite erwirtschaften ließen. Fünf Jahre später wurden die ersten Tiere aus Fairbanks mit dem Frachtschiff über den Yukon bis zur Insel Nunivak in der Beringsee transportiert. Hier wuchs die Herde über die Jahrzehnte und lieferte den einheimischen Yup'ik-Eskimos Nahrung und Einkommen. Später wurden Tiere von dort zurück aufs Festland gebracht und ausgewildert. Heute schätzt man ihre Zahl in ganz Alaska auf etwa 4000 Exemplare, die alle auf die ursprünglich aus Grönland stammenden 34 Moschusochsen zurückgehen.

Ähnliches gilt auch für die alaskanischen Bisons, die vermutlich schon vor mehreren Hundert Jahren aus Alaska verschwanden und erst 1928 mit 23 Tieren aus Montana zurückkehrten. Allerdings handelt es sich dabei um Präriebisons. Die ursprünglich in der Taiga beheimateten größeren Waldbisons leben heute weitgehend in Kanada, während es in Alaska nur eine kleinere Herde gibt, die man aber bald ebenfalls wieder auswildern möchte. Auch wenn die Jagd und maßlose Gier nach Pelzen bei vielen Tierarten zu einer drastischen Dezimierung bis hin zur Ausrottung führten, gehen die Wissenschaftler heute davon aus, dass Klimaveränderungen des Lebensraums oder die Ausbreitung anderer Spezies mitunter ebenfalls entscheidenden Anteil hatten. Glücklicherweise sind die meisten Tierarten zurückgekehrt, oder die Bestände haben sich erholen können. Aber deswegen gibt es in Alaska immer noch keine Garantie, Tiere wirklich in freier Wildbahn zu sehen. Außer bei manchen Veranstaltern von Wildlifetouren in der Inside Passage, die sich ihrer Sache offenbar so sicher sind, dass sie tatsächlich versprechen, den Ticketpreis zurückzuerstatten, sollte sich mal kein Wal blicken lassen. Trotzdem, Alaska ist kein Zoo und das Land so riesig, dass selbst beachtliche Populationen sich weit zerstreuen.

Bei meiner dreimonatigen Reise auf dem Yukon und durch Alaska bin ich zwar auf viele Vögel, einige Elche und vereinzelte Biber gestoßen. Direkten Bärenkontakt aber gab es keinen. Zum Glück. Wobei ein paar Fotos aus sicherer Entfernung schon nett gewesen wären. Während entlang der gesamten 3000 Kilometer langen Strecke vielleicht fünf oder sechs Exemplare gelegentlich als dunkle Fellknäuel am Flussufer auftauchten, wähnte ich mich bei der Anreise auf dem Alaska Highway dagegen in einem regelrechten Drive-Through-Streichelzoo. Karibus, Ziegen, Schafe, Bisons, Elchbabys und Grizzlys schlenderten hinter vielen Kurven völlig entspannt und in Reichweite durch den Grasstreifen am Straßenrand, vor allem in British Columbia. Mutterseelenallein trollte dort ein junger Schwarzbär so putzig zwischen den Büschen umher, dass ich nicht widerstehen konnte und rechts ranfuhr. Kaum hatte ich die Scheibe runtergekurbelt, trottete er neugierig über den Asphalt direkt auf mich zu. Ich haderte noch mit dem Autofokus der Kamera, der kaum Schritt halten konnte, da war er schon am Truck, richtete sich gierig nach Leckereien schnüffelnd auf und erkannte im offenen Fahrerfenster seine Chance. Bevor die Pranken den Türgriff erreichen konnten, fuhr ich vorsichtshalber weiter. Sicherste Indizien für Tiere in der Nähe sind tatsächlich bremsende Fahrzeuge auf dem Highway, deren Insassen dann mitten auf der Straße stoppen und Ferngläser oder lange Fotooptiken auf den Waldrand richten. So wie ich.

Natürlich warten die Tiere Alaskas in einem Land der Extreme standesgemäß ebenfalls mit Superlativen auf. Fast 500 Vogelarten brüten hier, manche von ihnen pendeln als Zugvögel jedes Jahr mehr als 30 000 Kilometer zwischen Arktis und wärmeren Gefilden im Winter. Auch der alaskanische Polarfuchs tendiert zu Höchstleistungen, die Weibchen sollen vereinzelt bis zu 25 Sprösslinge auf einmal werfen. Noch rekordverdächtiger ist das *acrtic ground squirrel*, das auf Deutsch unter der nichtssagenden Bezeichnung »arktischer Ziesel« geführt wird. Bei näherer Betrachtung der Herkunft dieses Wortes aber wird schnell aufs Tschechische verwiesen und ein verwandtes slawisches Verb, das »zischen« oder »pfeifen« bedeuten soll. Das ist bemerkenswert, weil die Inpuiat-Eskimos dem *arctic ground squirrel* den Namen *sik-sik* gaben, wegen der so klingenden zischenden, pfeifenden Laute, die es von sich gibt. Aber nun zum eigentlichen Rekord dieses niedlichen Erdhörnchens: Während des arktischen Winterschlafs nämlich senkt der kleine Nager seine Körpertemperatur auf unter den Gefrierpunkt. Forscher maßen Werte zwischen minus drei und minus sechs Grad, so niedrig wie bei keinem anderen Säugetier. Trotzdem bleiben sämtliche Körperflüssigkeiten und das Blut eisfrei, auch ohne einen nachweisbaren *anti-freeze*-Stoff, den der Organismus bildet, um das Gefrieren zu verhindern. Mehr als acht Monate verharren die Tierchen in dieser Starre und sparen durch die Absenkung der Temperatur Unmengen von Energie, die sie sich im kurzen Tundrasommer auch niemals hätten anfressen können. Clever und pragmatisch, nur so geht's im wilden Alaska. Die Elche, die übrigens nicht *elk* genannt werden – dann wären sie Hirsche –, sondern *moose* heißen, protzen hingegen durch ihre Erscheinung und werden natürlich nirgends größer als hier.

Wie die Bären. Auf Kodiak Island im Golf von Alaska sind die größten Braunen zu Hause. Die Männchen wiegen gelegentlich mehr als eine Tonne und messen drei Meter in aufgerichteter Position. Grundsätzlich zählt man auch die etwas kleineren Grizzlys zu den Braunbären, in Alaska und dem Rest Amerikas und Kanadas aber werden gemeinhin damit nur die auf dem Festland lebenden bezeichnet. Die Farbe des Fells allein lässt allerdings noch nicht automatisch auf die Zugehörigkeit zu einer Art schließen. Schwarzbären können braun sein, Braunbären gräulich, deshalb heißen die Grizzlys ja auch so, und alle Färbungen dazwischen sind jederzeit bei beiden Arten möglich. Zuverlässiger für die Einordnung ist da der Körperbau und vor allem der imponierende Nackenbuckel der Braunbären, der bei den Schwarzen fehlt. Ganz im Norden liegt dann das Reich der Polarbären, die den Reigen aller drei nordamerikanischen Bärenarten, die in Alaska als einzigem US-Staat vertreten sind, komplettieren. Über die exakte Größe der Bärenpopulationen gibt es unterschiedliche Aussagen. Vielfach ist von etwa 2000 Eisbären, 40 000 Braunen und 50 000 bis 100 000 Schwarzen die Rede. Die größte Konzentration, vor allem an Braunbären, findet sich vermutlich im McNeil River State Game Reserve in Südostalaska, gleich neben dem Katmai-Nationalpark. Dort wurden an den McNeil Falls, einem sehr überschaubaren Wasserfall, bis zu siebzig Tiere gleichzeitig beim Lachsfischen gesichtet. Einer soll sich sogar mal neunzig Fische geschnappt haben, an nur einem Tag. Neidisch beäugt von so manchem zweibeinigen Feinschmecker, der sich nur zu gerne auch auf einen Felsen im Fluss gebeamt hätte, damit die Lachse ihm ins Maul springen.

Seit jeher haben wir zu Bären ein gespaltenes Verhältnis. Vermutlich weil die knuddeligen Teddys unserer Kindheit und die süßen Koalas und Pandas aus dem Zoo nicht mit dem Bild des martialischen Raubtiers übereinstimmen, auf das man in jedem *visitor center* in Alaska vorbereitet wird. So wachsen gleichzeitig der Wunsch, wärend der Reise unbedingt einen zu sehen, und die Angst, von einem angegriffen und zerfleischt zu werden. Dass der

Mensch mit dem Wachstum der Siedlungen und Städte sich kontinuierlich in den Lebensraum der Tiere ausbreitet und damit Konfrontationen zwangsläufig zunehmen, liegt in der Natur der Sache. Tatsächlich erhalten Alaskas Gesetzes- und Wildhüter jedes Jahr wohl mehr Notrufe wegen Bären- oder Elchalarm als aufgrund von Bombendrohungen, Alkoholvergehen, Prostitution und Delikten wie illegale Einwanderung, Widerstand gegen die Staatsgewalt oder Gefängnisausbruch zusammen. Glücklicherweise gehen die meisten dieser Mensch-Tier-Begegnungen glimpflich aus. Und wenn doch mal was passiert, dann statistisch gesehen eher mit Elchen als mit Bären. Allein der Blick auf die Straßen relativiert die Gefahr. Im Jahr 2012 starben in Alaska 53 Menschen bei Verkehrsunfällen, die Zahl der Opfer durch Bärenattacken im gleichen Zeitraum: eines. Ein 49-jähriger Kalifornier kam beim Fotografieren eines Grizzlys im Denali Park ums Leben. Es war der erste Todesfall dieser Art im Park überhaupt und der erste seit sieben Jahren in Alaska. Die Wahrscheinlichkeit, durch eine allergische Reaktion auf einen Wespenstich, einen Hundeangriff oder gar durch ein Gewaltverbrechen zu sterben, ist um ein Vielfaches höher. Trotzdem beruhigen uns die nackten Tatsachen nicht, denn natürlich klingt eine Schlagzeile zu einer Bärenattacke viel spektakulärer. Bücher, in denen die Geschichten dazu mit blutigen Details gesammelt werden, verkaufen sich gut, nicht nur in Alaska.

Besonders große Aufmerksamkeit erlangte in diesem Zusammenhang das Schicksal des selbst ernannten Bärenschützers Timothy Treadwell, dessen tragischen

Tod Werner Herzog in der Doku »Grizzly Man« nachvollzieht. Mit zu einem guten Teil selbst gedrehten Originalaufnahmen zeigt der Film das Porträt eines fanatischen Freaks, der sich selbst neu erfindet als Retter der Grizzlys vor nicht existenten Wilderern. Er verbringt dreizehn Sommer unter Bären im Katmai-Nationalpark in Südwestalaska, dokumentiert seine zweifelhaften Feldstudien mit der Kamera und filmt sich immer wieder selbst, wie er seine Lieblingstiere namentlich benennt und hautnahen Kontakt sucht. Am 5. Oktober 2003, einen Tag vor der geplanten Abholung durch einen Buschpiloten, wird Timothy zusammen mit seiner Freundin von einem Bären attackiert und aus dem Zelt gezerrt. Die laufende Videokamera zeichnet davon zwar keine Bilder auf, aber die Tonspur gibt später den qualvollen Todeskampf wieder. Vom Piloten am nächsten Tag alarmierte Nationalpark-Ranger finden die beiden verstümmelten Leichen und erschießen zwei Bären, darunter den vermutlichen »Killergrizzly«. Tragischer hätte dieser riskante Selbstversuch nicht enden können, für beide Seiten.

Solche Ereignisse sorgen verständlicherweise für großes Interesse bei Medien und Öffentlichkeit, sie verzerren aber auch die Realität. Fakt ist, wir stehen nicht auf dem Speiseplan der Bären. Wäre es anders, gäbe es in Alaska jedes Jahr Tausende von Opfern. Sie würden uns holen, Gelegenheit hätten sie reichlich, nutzen sie aber nicht, obwohl wir uns in ganz Alaska auf Bärenterritorium bewegen. Ein fettes Karibuschnitzel oder leckeres Lachssteak scheint zum Glück verlockender. Eigentlich greifen Bären nur aus zwei Gründen Menschen an: um sich und den Nachwuchs zu verteidigen oder wenn sie denken, wir haben was zu essen beziehungsweise, schlimmer, wir sind das Essen. Dieses Verhalten erklärt ein Blick auf die Einzigartigkeit ihres Lebenszyklus. Sechs Monate des Jahres verbringen Bären in einer Höhle, ohne zu fressen, zu trinken oder etwas auszuscheiden. In dieser Zeit zehren sie von unglaublichen Mengen an Körperfett und haben dann nur sechs Monate Zeit, sich all das für den nächsten Winter wieder draufzuschaffen. Bären pflanzen sich zudem nur etwa alle drei bis fünf Jahre fort und gebären anschließend im Schnitt lediglich zwei bis drei *cubs* pro Wurf. Klar, dass Nahrungssuche und der Schutz des Nachwuchses also absolute Priorität für sie haben.

Vor diesem Hintergrund rät das *Department of Fish and Game* in Alaska, ein paar einfache Grundregeln zu beherzigen, um das Risiko eines Bärenangriffs zu minimieren. Überrasche einen Bären nicht. Das könnte zu einer kurzschlussartigen Verteidigungsattacke führen. Wer also durch die Wildnis stapft, sollte Krach machen. Pfeifen, singen, sich unterhalten, jedes Mittel ist recht. Manche schwören auf den Gebrauch sogenannter »Bärenglöckchen«, die man am Körper oder Rucksack tragen kann. Das ständige Gebimmel nervt aber bald, und seine Effektivität ist umstritten, weil es im Rauschen der Blätter oder des Gebirgsbachs auch schnell mal untergeht. Zweite Regel: niemals einen Bären füttern, egal ob bewusst oder unbewusst. Hundefutter im Napf auf der Veranda kann Bären genauso anlocken wie ein Müllsack oder eine Elchkeule, die man im Schuppen erst mal abhängen lässt. Selbst Vogelhäuschen mit Futter und vor allem dreckiges Geschirr im Camp oder offener Proviant und sogar Zahnpasta bergen ein Risiko. Wie tödlich der Wunsch nach dem persönlichen Alaskaschnappschuss mit Bären ausgehen kann, haben wir schon erfahren. Offensichtlich ist es also immer noch nötig, ausdrücklich zu betonen, dass der sehnsüchtige Blick aus putzigen Knopfaugen keine Einladung zum Nackenkraulen signalisiert. Deshalb: Abstand halten. Die Toleranzgrenze ist bei jedem Tier unterschiedlich, manche mögen bereits an Menschen gewöhnt sein und selbst bei fünf Metern Entfernung noch entspannt am Lachs nagen, andere ticken schon bei fünfzig Metern aus und starten einen Scheinangriff. Um Energie zu sparen, streifen Bären außerdem immer wieder auf denselben Pfaden durchs Unterholz. Keine gute Idee also, sein Zelt beim Hiken auf einen solchen zu stellen, auch wenn die Büsche hier schon komfortabel platt getreten sind. Eine Nylonhaut wird den Bären bei seiner Rückkehr sicher nicht aufhalten. Und als Letztes sollten bei uns alle Alarmglocken schrillen, wenn es im Wald plötzlich nach Verwesung stinkt und wir bei unserer neugierigen Suche schließlich auf einen angefressenen Elchkadaver unter Laub und Erde stoßen. Dann nämlich haben wir gerade die Vorratskammer eines Bären betreten. Und dass nichts aggressiver macht als Futterneid, kann jeder, der mit Geschwistern am Esstisch aufgewachsen ist, sicher bestätigen.

Halten wir uns in der Wildnis an diese Vorsichtsmaßnahmen, kann die Zeltnacht erholsam verlaufen. Der Einsatz von portablen Elektrozäunchen ums Camp mag die Tiefschlafphase zusätzlich beruhigend verlängern. Und wenn es doch mal zu einer Begegnung oder gar einem Angriff kommt? Ruhe bewahren klingt am vielversprechendsten – und sehr theoretisch. Erst die freudige Erregung darüber, einen wilden Bären in seinem natürlichen Lebensraum entdeckt zu haben, dann plötzlich die Todesangst, wenn der im Affenzahn und unter tosendem Gebrüll näher galoppiert. Bei so viel Adrenalin im Blut bersten selbst die stärksten Nerven. Vielleicht klammern wir uns in diesem Moment kaltschweißig an die Dose *bear spray*, besonders scharfes Pfefferspray, das im Norden überall als bestes Verteidigungsmittel gegen Bären angepriesen wird. Leider wirkt es halt erst, wenn der Bär schon verdammt nah herangespurtet ist und die effektivste Reichweite von etwa fünf, sechs Metern unterschreitet.

In jedem Nationalpark-Besucherzentrum laufen Videos, die die beeindruckende Schlagkraft der Spraydosen demonstrieren. Davon kann man sich am besten selbst überzeugen, wenn der Wind falsch steht und den Pfeffernebel umgehend zurück ins eigene Gesicht bläst. Vor lauter Husten und Würgereiz abgelenkt, nimmt man dann wenigstens nicht richtig wahr, wenn die Bärenkrallen sich ins eigene Fleisch graben. Und vielleicht sollten Sie vor Gebrauch zur Sicherheit auch noch mal die Bedienungsanleitung studieren. Es wird von Fällen berichtet, in denen sich europäische Hiker in der versehentlichen Annahme, die Wirkung beruhe auf dem gleichen Prinzip wie bei Mückenmitteln, komplett selbst mit Bärenspray einsprühten.

Zunächst habe ich darüber geschmunzelt und mich, wie Sie wahrscheinlich auch, gefragt, wie man nur so bescheuert sein kann. Schon bald aber wurde ich sehr kleinlaut, nach meiner ersten Sprayerfahrung am Anfang der Yukon-Tour. Ich war über den Chilkoot Pass zu den Quellseen aufgestiegen und hatte glücklich und völlig erschöpft nach drei Tagen Marsch den Lake Bennett erreicht, von wo aus ich meine Reise am nächsten Tag mit dem Kanu fortsetzen wollte. Überall am Ufer warnten Schilder vor den vermeintlich omnipräsenten Bären. Zum Glück hatte ich ja eine Dose Bärenspray eingepackt. Aber würde ich die im Ernstfall auch fachmännisch und vor allem rechtzeitig bedienen können? Hm … vielleicht könnte eine kurze Generalprobe nicht schaden, um bestens für alle Eventualitäten gewappnet zu sein. Ich kramte im Rucksack nach der Dose und las noch einmal die Anweisungen auf der Rückseite. Sicherheitskappe runterschieben und mit ausgestreckten Armen Richtung Bär pusten, eigentlich kinderleicht. Aber wie genau kriegt man die Sicherheitskappe runter? Eine berechtigte Frage, aber keine gute, um sie in einem Zelt liegend zu beantworten … Immerhin waren sämtliche Zweifel über die Schlagkraft des Sprays schon Sekundenbruchteile später unmissverständlich zerstreut. Und der anschließend tagelang anhaltende Hustenreiz und das nur ganz allmählich abklingende Hautbrennen sorgten für eine äußerst demütige Lernerfahrung.

Richtig eingesetzt aber funktioniert Bärenspray in vielen Fällen deutlich besser als der Einsatz einer Schusswaffe, auch wenn die zur Grundausrüstung eines echten

Trappers gehören mag. Wir Europäer werden in Alaska zudem Schwierigkeiten haben, ohne Weiteres eine zu bekommen. Und wer keine Erfahrung im Umgang mit einem Gewehr oder Revolver hat, schadet mit ziemlicher Sicherheit eher sich selbst oder verwundet den Bären, was ihn wahrscheinlich noch aggressiver und gefährlicher machen wird. Die abschreckende Wirkung eines Schusses in die Luft kann man mittlerweile ohnehin auch durch einen *bear banger* erzielen. Auf diese kugelschreibergroßen Vorrichtungen werden kleine Kunststoffplatzpatronen oder Signalraketen aufgeschraubt und mit ohrenbetäubendem Lärm abgeschossen. Wenn der Bär nach diesem markerschütternden Wumms nicht das Weite sucht, solle ich bloß mit ruhiger, tiefer Stimme auf ihn einreden, ihm so die Chance geben, mich als Mensch zu erkennen und damit automatisch von seiner Delikatessenliste zu streichen, riet mir ein erfahrener Guide mal. In den meisten Fällen würde das Tier dann ohnehin sofort verschwinden, weil Bären unseren Geruch nicht mögen. Richtet es sich auf, dann aus Neugier, um uns besser wahrzunehmen, nicht weil seine Augen schlecht sind. Aber Bären riechen deutlich besser, und dass so ein seit einer Woche ungeduschter Hiker in den seit sieben Tagen selben Klamotten nicht gerade dem Inbegriff eines appetitlichen Leckerbissens entspricht, ist ja wohl nachvollziehbar.

Wenn die ganze Theorie sich unerwartet doch als nicht praktikabel erweist, macht Weglaufen am allerwenigsten Sinn, versicherte mir der Wildnisexperte noch. Wer rennt, triggert den Jagdinstinkt, und Bären seien blitzschnell, schafften locker sechzig Stundenkilometer, da hätten wir eh keine Chance. Lieber stehen bleiben, Arme hoch und Krach machen. Wenn das auch nichts nützt, kämpfen, mit allen Mitteln, treten, schlagen, kratzen, beißen. So wie früher im Schulhof während der großen Pause, werden sich manche erinnern. Ja, alles ist erlaubt, vor allem, wenn es sich beim Gegner um einen Schwarzbären handelt, der im Hungerwahn auch gerne mal übersieht, dass wir eigentlich nicht in sein Beuteschema passen. Anders beim Grizzly, der in den meisten Fällen nur angreift, um zu verteidigen. Stellen wir uns also tot, zusammengerollt in Embryostellung mit den Händen überm Kopf als Schutz vor schlimmeren Kopfverletzungen, wird er sich hoffentlich schnell entspannen und von dannen ziehen.

Bei so viel Aufregung hätte der Bär, egal ob schwarz, braun oder weiß, eigentlich das Zeug zu Alaskas Wappentier. Ist er aber nicht. In seiner Kategorie Säugetier fiel die Wahl auf den Elch, was vielleicht genauso überraschend ist wie das Schneehuhn als Staatsvogel, während der Weißkopfseeadler leer ausgeht. Na ja, dafür ist der ja auch schon der Nationalvogel und ziert das US-Wappen. Einige Alaskaner behaupten ja, die Rolle als *state bird* stehe eigentlich gerechterweise nur einem Tier zu: dem Moskito! Schließlich schwirrt nichts häufiger durch die klare alaskanische Luft, zumindest im Sommer. Glücklicherweise nur im Sommer. Ich finde ja, dass man spätestens beim Moskito anfängt, an der biblischen Schöpfungsgeschichte zu zweifeln und doch eher zu Darwin schwenkt. Jeder, der eine Zeitlang in den Tropen oder im arktischen Sommer verbracht hat, wird sich noch heute darüber ärgern, dass Noah beim hektischen Bau der Arche leider die Mückengitter vergaß. Nahrungskette hin oder her, das hätte man bestimmt auch anders lösen und vielleicht ein paar mehr Würmer erschaffen können. Richtig zubereitet sollen die ja zudem richtig lecker sein, schwören manche Liebhaber exotischer Speisen. Mal ehrlich, wer kann nach einem Kanutrip auf einem der zahlreichen unberührt schönen Wildflüsse Alaskas denn noch ernsthaft an eine sinnvolle Rolle für den Moskito glauben, außer Mensch und den anderen Tieren gehörig auf den Geist zu gehen. Dabei bin ich mir nicht mal sicher, ob die juckenden Stiche mehr nerven oder das jämmerliche Bild, das sie beim Fliegen abgeben. Mücken tanzen nicht durch die Luft, wie man uns in Gedichten oder Romanen weismachen will, sie eiern. Wie volltrunken oder zugedröhnt. Allein vom Hingucken wird man ja schon aggressiv. Und dann noch dieses unerträglich schrille Summen mit der Frequenz eines Zahnarztbohrers. AAAAAAAAAAAAAAAAAAAAAH!

Mindestens 25 Mückenarten sollen Alaskas Taiga und Tundra bevölkern. Dazu noch die nicht minder nervigen *blackflies*, Kriebelmücken, die meist in dichten Wolken auftreten, in Augen, Nase und Ohren krabbeln und manchmal auch zubeißen, was nach einem kurzen, aber heftigen Blutfluss zu beachtlichen, erbärmlich juckenden Beulen führt, die man den kleinen Biestern auf Anhieb gar nicht zutrauen möchte. Methoden und Tipps, wie man Moskitos und *blackflies* aus dem Weg geht oder sie fernhalten kann, gibt es unzählige. Rauchspiralen,

Citronellakerzen, Netzhauben, Lagerfeuer. Am Ende des Tages in der Dämmerung schützt nur eines wirklich zuverlässig: DEET! Diethyltouamid, angeblich von der US-Armee entwickelt, trat in den 1950er Jahren seinen weltweiten Siegeszug im Kampf gegen die surrenden Plagegeister an, die jeden romantischen Zeltabend am See in einen Albtraum verwandeln können. Die Wirkungsweise ist nicht eindeutig geklärt, gesundheitliche Risiken werden immer wieder diskutiert, aber nie stichhaltig nachgewiesen. In Europa wurde der Wunderstoff auch in Autan-Fläschchen und Pumpzerstäuber gefüllt. Allerdings in einer Konzentration, die Arktismoskitos in den meisten Fällen nur leise hüsteln lässt. Anders in Alaska, wo Marktführer Off sein *Deep Woods Sportsmen Insect Repellent* mit bis zu 98,25 (!) Prozent DEET-Anteil anbietet. Damit könnte man sich abends quasi nackt in den Wald legen und mit Genugtuung beobachten, wie die Mücken sich zwar scharen, aber angeekelt vom Duft nicht mal einen Angriffsversuch wagen und ihrerseits von den nicht nur äußerst elegant fliegenden, sondern auch äußerst nützlichen Libellen im Vorbeisegeln aus der Luft geschnappt und gleich verputzt werden. Herrlich. Das ist fast so befriedigend wie kurz vor dem Schlafengehen im Zelt noch mal die Taschenlampe anzuknipsen und jeden einzelnen Moskito, der sich dreist in diese intimste Tabuzone gewagt hat, im Lichtkegel genüsslich zu zerquetschen. Auge um Auge, und plötzlich ist die Welt wieder in Ordnung und die Schöpfung perfekt.

Über Eskimoeiscreme, fliegende Taco-Trucks und Lachs ohne Ende

Mühelos gleitet die Klinge durch die gefrorene dunkelgraue Haut und die darunterliegende dicke weiße Fettschicht. Mit der Gewandtheit des renommierten Fernsehkochs filetiert Chris Koetke hauchdünne Scheibchen aufs Schneidebrett. »Es darf ruhig dicker sein, sonst schmeckt man ja gar nichts!«, rügt Dixie ihren prominenten Kochpartner. Die resolute Athabaskin arbeitet als Leiterin des Kulturprogramms der *Tanana Chiefs Conference* in Fairbanks. Dieses Konsortium vertritt mehr als vierzig indianische Gemeinden, die sich über ein riesiges Gebiet in Interior Alaska verteilen. Vor ein paar Jahren wurde Dixie Alexander vom Staat als *living cultural treasure* ausgezeichnet, als lebender kultureller Schatz. Mit ihrem Programm »Taste of Alaska« will sie nicht nur traditionelle Gerichte auftischen, ihre Gäste sollen auch mehr über die Kultur der Gwich'in erfahren, und wie sie seit Jahrhunderten im rauen Busch überleben. »Als Vegetarier bist du hier falsch, bei minus fünfzig Grad brauchst du tierisches Fett, um dich zu wärmen, sonst frierst du ständig.« Und *muktuk,* an dem sich Chris gerade versucht, scheint bestens geeignet, auch wenn es eigentlich eine Delikatesse der Eskimos ist.

Ich überlege noch, was unappetitlicher klingt, als ich zaghaft ein dünnes Scheibchen auf meine Zunge lege, *whale blubber* oder Walspeck. Das Ohr isst ja auch irgendwie mit in so einem Moment. Umso mehr überrascht mich der angenehm feine, salzige Geschmack, mit nur einem Hauch von Fisch. Da war der Würgereiz bei manchem Sushi-Röllchen oder Muscheleintopf in der Vergangenheit schon größer.

Chris, der für einen Vortrag und Workshop aus Chicago nach Alaska gekommen ist, legt den gefrorenen Haut- und Fettklumpen, den Dixies Eskimofreunde gestiftet haben, beiseite. Das geschnetzelte Elchherz muss in der Pfanne gewendet werden.

Während er sich dem Herd zuwendet, holt Dixie einen Ziploc-Beutel aus dem Kühlschrank. »Leckere Heringseier!« Zwischen unförmigen gelblichen Batzen blitzen vereinzelte Fichtennadelzweige durch. »So ernten wir sie. Mit einem Nadelzweig, den wir durchs Wasser ziehen und an dem der Kaviar dann hängen bleibt.« Sie reicht den Beutel an Chris weiter, der den Inhalt in eine große Emailterrine rutschen lässt, in der die Eier kurz aufkochen sollen. Inklusive Fichtenzweige, die unserer Vorspeise noch eine dezent harzige Note verleihen werden. Gewöhnungsbedürftig, aber nicht unlecker. Und für Dixie kein exotisches Gimmick, sondern ein authentisches Beispiel für die Gerichte, mit denen sie früher ihre zwölf Geschwister im Busch bekocht hat. Heute gibt sie diese Erfahrungen gerne weiter, auch an die Besucher des *Morris Thompson Cultural Center*, in dessen Konferenzraum im ersten Stock wir nun verköstigt werden.

»Du musst schon sehr blöd oder blind durch die Landschaft stapfen, um in Alaska zu verhungern!«, hat es Beckie Etukeok aus Anchorage provokant in einem Gespräch, das ich mit ihr führte, formuliert. Sie arbeitet im *Alaska Native Heritage Center* in einer ganz ähnlichen Position wie Dixie. »Gleich hinterm Haus liegt der Eingang zum Supermarkt Natur ...« Und der ist zumindest im Sommer und Herbst reichlich bestückt. Beeren, Elch, Karibu und natürlich jede Menge Fisch, den die Alaskaner grundsätzlich nicht nur auf den Speiseplan schreiben, sondern natürlich auch selbst fangen. Egal ob in Anchorage oder einem der Dörfer am Yukon.

Subsistence heißt das omnipräsente Schlagwort zur Selbstversorgung. Es steht nicht nur für die Nahrungsbeschaffung durch Jagen und Fischen, gerade für die Ureinwohner zählt es auch als fester Bestandteil zu ihrer Kultur. Mehrfach wurde dieses Recht gesetzlich verankert und umfasst neben dem Aspekt der Ernährung auch die Verwendung aller anderen tierischen Produkte als Kleidung, Werkzeug, »Treibstoff« (für die Schlittenhunde) oder zur traditionellen Schmuckherstellung und Fertigung von Kunstobjekten. Nach den katastrophalen Folgen durch die unkontrollierte Pelzjagd im 18. und

19. Jahrhundert gelten heute strenge Gesetze, die vom Alaska Department of Fish and Game überwacht werden.

»Hier kam mal ein Mann aus den Südtstaaten rein, der wollte von dem leben, was das Land ihm bietet. Ich fragte ihn, ob er vorhat zu jagen und eine Lizenz besitzt. Da wunderte er sich, dass selbst in Alaska dazu Papierkram nötig ist.« Kathy Harmes arbeitet als Biologin bei der staatlichen Behörde in Fairbanks und muss immer wieder die Vorstellungen von Touristen und Trophäenjägern zurechtrücken. »Viele denken, das hier ist Wildnis ohne Regeln, ein Land ohne Gesetze, aber das stimmt nicht!« Beim Thema *subsistence* scheinen die meisten sich an ihre eigene Auslegung halten zu wollen. Auch rein rechtlich gibt es verschiedene Definitionen. Die Bundesbestimmungen gelten für Menschen, die auf dem Land leben; Bürger in Fairbanks oder Anchorage dürften demnach also nicht für den Eigenbedarf jagen. »Wenn aber zum Beispiel ein Multimillionär aus der Stadt in ein Dorf zieht, qualifiziert er sich sofort. Das Einkommen spielt dann keine Rolle, oder wie abhängig man von dieser Ressource ist. Es kommt nur darauf an, wo du lebst.«

Fairer scheinen da staatliche Auslegungen zu sein, nach denen grundsätzlich erst mal jeder Bewohner Alaskas ein *subsistence*-Jäger ist. »Wenn dann mal nicht genug für alle da ist, dürfen zunächst nur die ran, die gewohnheitsmäßig oder traditionell gejagt haben. Es gibt ein Punktesystem, das angewendet wird, und jeder muss ein Formular ausfüllen und angeben, wie lange er schon jagt, in welchem Gebiet, wie viele Tiere er dort schon erlegt hat, wie viel Prozent der Ernährung dadurch gedeckt wurden. Die meisten Punkte bekommen den Zuschlag.« Kathy schätzt, dass mindestens ein Viertel aller Alaskaner sich über *subsistence* ernähren, vielleicht sei es aber sogar die Hälfte. »Es geht nicht um Trophäen, auch wenn die manchmal behalten werden. In der Stadt kannst du Geflügel, Schwein oder Rindfleisch kaufen. In den Dorfläden oftmals nicht, dann ist das gejagte Fleisch auch die einzige Proteinquelle. Die Menschen in den Dörfern sind davon abhängig.« Jagen und Fischen sei also in Alaska eine Lebenseinstellung, nicht nur Gewohnheit oder Zeitvertreib. Es ist kulturell verwurzelt hier, in keinem anderen Bundesstaat gibt es prozentual mehr Jäger. Im Jahr 2011 beispielsweise sollen knapp vierzehn Millionen Jagdlizenzen in den gesamten USA verkauft worden sein, nicht ganz fünf Prozent der Gesamtbevölkerung wären demnach Jäger gewesen. Im gleichen Zeitraum wurden in Alaska 100 000 Lizenzen registriert, in Relation also die dreifache Menge. Nun mag es den metzgereiverwöhnten Mitteleuropäer befremden, wenn ganze Horden von in paramilitärische Tarnkleidung gehüllten Hobbyjägern mit Präzisionsgewehren am Wochenende auf Beutefang durch die Wälder streifen. Aber nach dem Urerlebnis, seine Nahrung erstmals eigenhändig in der Natur erlegt zu haben, kann der Griff zum in Kunststoff eingeschweißten T-Bone aus der Supermarkt-Kühltheke fortan nur sehr zögerlich erfolgen, wenn überhaupt noch. Gerade die immer wieder aufgedeckten Lebensmittelskandale und ethischen Diskussionen um Massentierhaltung lassen keine Zweifel offen: *Subsistence hunting* ist der eindeutig fairere und gesündere Weg zum Fleisch.

Die mit dem Jagen oft verbundenen Mühen – schlechtes Wetter, unwegsames Gelände, langes Warten – sorgen außerdem für eine viel stärkere Wertschätzung und respektvolleren Umgang mit Nahrung.

Bei meinen ausgedehnten Reisen durch Alaska schenkte man mir ungerupfte Enten als Wegzehrung, lud mich zu Schwarzbärgeschnetzeltem *very well done* ein, um ganz sicherzugehen, dass keine der verbreiteten Trichinen die lange Garzeit überlebt hatten, und überließ mir unfassbar leckere Silberlachse, die ich später in mehreren Gängen auf dem Campingkocher brutzelte. Am nachhaltigsten aber blieb mir ein Wochenende unweit von Fairbanks in Erinnerung. Ich besuchte eine Familie, bei der ich am Yukon schon eine Nacht verbracht und beim Einkochen und Beschriften der eingeschweißten Lachssteaks mitgeholfen hatte. Die beiden Schwestern zog es jedes Jahr im Sommer ins Heimatdorf ihrer indianischen Mutter, wo sie mit ihren Männern die Tradition des Lachsfangs am Leben hielten, auch wenn sie schon längst eine erfolgreiche berufliche Karriere in der Stadt eingeschlagen hatten. Während der Jagdsaison im Herbst schlossen sie sich mit ein paar anderen verwandten und befreundeten Familien zusammen, um einen Elch zu erlegen. Nachdem das Fleisch eine Weile in einem Schuppen abhängen konnte, war es Zeit zur Weiterverarbeitung. Gemeinsam fuhren wir zu einem Grundstück in den Wäldern, wo sonst selbst heute noch im kleinen Stil vereinzelt nach Gold geschürft wird. Die vier mächtigen Keulen des Tieres wurden nun von den Männern auf einem grob gezimmerten, runden Holztisch vor einer kleinen Wochenendhütte zerlegt. Um die Minimalhygiene zu wahren, hatten sie eine blaue Abdeckplane untergelegt. Am Ende eines langen Samstags stapelten sich dann unzählige Beutel mit Gulasch und Hackfleisch, das ebenfalls vor Ort durch einen Wolf gedreht worden war, neben sorgfältig in weißes Papier eingewickelten Bratenstücken. Auf dem Grill schmorten als kleine Appetizer schon mal die ersten Elchburger, frischer und saftiger als jede Rinderfrikadelle, an die ich mich erinnern konnte. Der Fleischvorrat für den Winter wurde schließlich gerecht verteilt, dann ging's zurück nach Fairbanks, wo die Beutel in die Gefriertruhen wanderten.

Ich bin wahrlich kein Fleischfanatiker, auch wenn ich ein gutes Steak hin und wieder durchaus zu schätzen weiß. Aber nach diesem Tag hätte ich mir nur zu gern auch eine Wumme besorgt und mein Glück selbst versucht. Was vielleicht zu einem guten Teil daran gelegen haben mag, dass die Männer der Runde mich anschließend noch mit auf den Familienschießplatz nahmen und mir nacheinander einen Revolver und zwei Gewehre in die Hand drückten, mit denen ich auf Zielscheiben ballern sollte.

Zunächst fremdelte ich ein wenig, mit der uns Mitteleuropäern anerzogenen Abneigung gegen Waffen. Als ich aber die ersten Schüsse abgefeuert und den ohrenbetäubenden Wumms und enormen Rückschlag verdaut hatte, kam ich auf den Geschmack. Und zu der Erkenntnis, dass die Hollywood-Western uns bei sämtlichen Schießszenen alle was vorgemacht haben, die

Scharfschützen damals selbst nach jahrelangem Training und mit größtmöglichem Talent niemals so präzise getroffen haben konnten und alle Revolverhelden im Laufe der Zeit vermutlich einen massiven Gehör- und Schulterschaden entwickelt haben müssen. Während acht Kugeln die umstehenden Büsche entblätterten, fand eine immerhin ins garagentorgroße Ziel, und die Männer beglückwünschten mich daraufhin mit den schmeichelnden Worten: »Mit dir sollte man es sich besser nicht verscherzen!« und »Jetzt bist du ein echter Alaskaner!«

Der als Nächstes erst mal eine Jagdlizenz brauchte, wollte er ernsthaft auf die Pirsch gehen. Lizenzen benötigt jeder Alaskaner zwischen sechzehn und sechzig. Es gibt sie in verschiedenen Ausführungen, welche für geringes Einkommen, normale und für Besucher. Manchmal ist noch ein zusätzliches Ticket für jedes erlegte Tier nötig. Eine normale Lizenz kostet 25 Dollar im Jahr und umfasst einen Elch, mindestens drei Schwarzbären, ein bis fünf Grizzlys, ein bis fünf Karibus pro Tag und je nach Region noch Hirsche, Bergziegen, Dallschafe. Moschusochsen kosten extra. Besucher zahlen deutlich mehr, zwischen hundert und tausend Dollar pro Tier, das sie erlegen! Weitere Lizenzen gibt es außerdem fürs Fischen und Fallenstellen. *Trapping* ist extrem aufwendig, die Jagd nach Bibern im Winter zum Beispiel. Man muss zunächst ein Loch durchs Eis graben, frisches Holz als Köder platzieren, warten und hoffen, dass er drauf reinfällt, ihn dann rausholen, häuten und für das Gerben bezahlen. Und am Ende bekommt man dann im Schnitt 25 Dollar dafür. Das rechnet sich eigentlich nicht. Aber darum geht es für viele gar nicht. Pelzjagd und *subsistence* sind ein Statement, für den Fortbestand der Kultur und Tradition. Damit das auch in Zukunft so bleiben kann, kontrolliert das Department of Fish and Game engmaschig und nutzt dabei die Daten und Berichte der Jäger, um festzustellen, ob genügend Tierbestand für alle da ist.

Noch komplizierter wird es beim Thema Lachse. Hier kollidieren manchmal die Interessen von Selbstversorgern, Sportanglern und kommerziellen Fischern, die vom Lachsfang ihren Lebensunterhalt bestreiten.

»Die einen sind fürs Überleben darauf angewiesen, die anderen schaffen Jobs und sind eine bedeutende Industrie bei uns. Und die Sportfischer sagen: Wir zahlen mit unseren Lizenzen und Steuern auf Boote und Motoren in den Staatssäckel. Deshalb stehen uns Vorrechte zu. Ziemlich komplex und schwierig, allen gerecht zu werden«, weiß Kathy, die mit ihren Kollegen manchmal zwischen allen Stühlen sitzt und niemanden so richtig zufriedenstellen kann. Zumal der kontinuierliche Rückgang der Lachszahlen in den letzten Jahren besorgniserregende Ausmaße angenommen hat, vor allem bei den so wichtigen Königslachsen. Manche machen die kommerziellen Fischkutter vor der Küste dafür verantwortlich, die durch Überfischung oder unerwünschten Beifang verhindern, dass genügend Lachse in die Laichgebiete schwimmen. Auch Klimaphänomene werden diskutiert.

Ohnehin zählt die Lachswanderung zu den wundersamsten Naturphänomenen unseres Planeten. Geboren werden die Lachse als winzige Fischlein meist in kristallklaren Gebirgswassern, schwimmen dann mit dem Strom Richtung Meer, wo sie einige Jahre verweilen und zu stattlichen und geschlechtsreifen Tieren heranwachsen. Dann erst geht es wieder zurück, mühsam stromaufwärts, manchmal Wasserfälle überwindend, zu exakt den gleichen Orten, wo sie selbst Jahre zuvor geschlüpft waren, vermutlich einer noch wenig geklärten Geruchsspur folgend. Nach einer wochenlangen Reise angekommen, laichen die mittlerweile ziemlich mitgenommen aussehenden Lachse und sterben, sich selbst als ersten Snack für die später wieder schlüpfenden Sprösslinge opfernd. So wundersam die Wanderung, so komplex mögen deshalb die Ursachen für den Rückgang der Fische sein. Die Behörden und Wissenschaftler untersuchen fieberhaft, eine eindeutige Erklärung konnte bislang aber nicht gefunden werden.

Welche Folgen diese Entwicklung für die Bewohner in Alaskas Busch hat, erfuhr ich bei meiner Reise auf dem Yukon River von den Quellseen bis zum Beringmeer. In den Yukon Flats, einem flachen Sumpfgebiet, in dem sich der Fluss unübersichtlich verzweigt, lernte ich Debbie und Randy kennen. Sie stammen aus Fort Yukon, der ersten Siedlung in den Flats, knapp oberhalb des Polarkreises gelegen. Jedes Jahr im Sommer verbringen sie einige Wochen in ihrem *fish camp*, um Lachse für den Eigenbedarf zu fangen. Achtzig bis hundert Fische reichen, um die Familie durch den Winter zu bringen. Randy filetiert die gefangenen Lachse dann in einem kleinen Verschlag aus Wellblech am Steilufer zu Steaks oder Streifen. Die Steaks werden eingefroren, Strom für die Truhe liefert ein portabler Generator. In die Filets setzt Debbie noch mit einem großen Messer im Abstand von etwa zwei Zentimetern Querschnitte und zieht das Fleisch auseinander, damit es anschließend besser trocknet und zusammen mit den Streifen geräuchert werden kann.

»Es ist ziemlich aufwendig, das Feuer ständig am Brennen zu halten. Man braucht ungefähr zwei Wochen, bis der Lachs fertig geräuchert ist«, erklärt Randy seine Vorliebe für frische Lachssteaks. Er arbeitet mit zwei Netzen, die an unterschiedlichen Stellen im Wasser hängen. Eines misst hundert Fuß, das andere sechzig (etwa dreißig und zwanzig Meter). An guten Tagen verfangen sich bis zu zehn *chinooks*, Königslachse, darin, auf die er es abgesehen hat. Sie sind die größten und nahrhaftesten, und sie enthalten reichlich Omega-3-Fettsäuren, auf deren Bedeutung für eine gesunde Ernährung ja seit Jahren unablässig hingewiesen wird. Die mageren *Chums* oder Ketalachse werden von vielen meist als Hundefutter getrocknet. Daher sind sie in ganz Alaska auch als *dog salmon* bekannt. Je nach Region tummeln sich noch *silver (coho), red (sockeye)* und *pink salmon* (*humpies*, die so heißen, weil die geschlechtsreifen Männchen im Laufe ihres Lebens einen prominenten Buckel entwickeln) in Alaskas Flüssen. Bis sie ihre oftmals Hunderte von Kilometern lange, beschwerliche Reise stromaufwärts in die Laichgebiete erfolgreich abschließen und sterben oder vorher von hungrigen Alaskanern mit Käschern, Netzen oder, am effektivsten, mit dem *fish wheel* gefangen werden.

Diese archaische Fangmaschine kam mit den ersten Weißen vermutlich im 19. Jahrhundert zum Yukon. Im Grunde besteht ein solches Fischrad aus zwei Drahtkörben, deren Achse auf ein Floß montiert ist. Sie werden in der Regel in Ufernähe platziert, verankert, und das Kehrwasser, das die Lachse vorzugsweise bei ihrer Wanderung stromaufwärts nutzen, treibt die Paddelblätter an. Wenn die Fische aufgegriffen und aus dem Wasser gehoben werden, rutschen sie in eine schräg verlaufende, hölzerne Führungsrinne am unteren Ende jedes Fangkorbes, die sie weiter in eine Auffangbox leitet. Dutzende von Lachsen pro Tag lassen sich so mitunter aus den Flüssen holen, für den Eigenbedarf, als Futter für die Schlittenhunde oder eben für den Verkauf.

»Wir haben hier keine Industrie, keine Wirtschaft, was bleibt also unseren jungen Leuten? Sie leben vom Land, sie schlagen Bäume, verkaufen Holz und tun einfach alles, was nötig ist, um etwas zu verdienen«, beschreibt Randys Frau Debbie die Bedeutung der natürlichen Ressourcen für die Athabasken heute. Sie leitet die Schule von Fort Yukon und arbeitet dort nach den großen Sommerferien wieder als Pädagogin mit den Kindern. Die Stammesältesten erinnern sie unablässig daran, wie wichtig das Land für die Menschen ist. »Wir müssen vorsichtig sein. Das ist unser Erbe. Das macht uns aus, deshalb kommen wir hier raus und tun, was wir tun. Wir haben eine spirituelle Verbindung zu diesem Land. Das ist es, was wir unseren Kindern wirklich beibringen müssen.« Viele Ureinwohner ziehen noch immer jeden Sommer in ihre *fish camps*, aber mit den schwindenden Lachszahlen werden die Fangzeiten zunehmend beschränkt, die Maschengröße der Netze reguliert. Wer sich nicht daran hält, muss mit Geldstrafen rechnen, verliert seinen Fang oder gar das Boot. Was manche als reine Schikane verurteilen, ist Ausdruck der Brisanz und Dringlichkeit des Themas. In besonders schlechten Jahren fließen zwar Ausgleichszahlungen durch die Regierung an bedürftige Fischer. Aber Nahrung bedeutet in Alaska mehr als nur essen, um den Hunger zu stillen. Für den Besucher mögen Elchburger, Karibu-Hotdogs oder Rentierwurst spannende Delikatessen sein, für die Menschen im Busch sind sie unverzichtbarer Teil einer ausgewogenen Ernährung.

Das wird besonders bei einem Blick in die Regale der kleinen Dorfläden deutlich. Vier Dollar für einen Liter H-Milch deuten an, dass ein regulärer Wocheneinkauf oftmals die finanziellen Möglichkeiten mehr als ausreizt. Frisches Gemüse, Obst und Salate sind kaum erhältlich oder durch die langen Transportwege in erbärmlichem Zustand. Da verwundert es nicht, dass *pilot bread*, *trail mix* und *jerky* so beliebt und verbreitet sind. Zwei unverzichtbare Eigenschaften für den Erfolg verbinden diese drei alaskanischen Grundnahrungsmittel: Sie sind nahrhaft und extrem lange haltbar. Vor allem zum *pilot bread* hegen Alaskaner eine innige, für Outsider nur schwer nachvollziehbare Begeisterung, die sich am ehesten noch mit der für Carhartts, XtraTufs, blaue *tarps* und *duck tape* vergleichen lässt. Von den beiden Letzteren wird im nächsten Kapitel noch die Rede sein. Die Bezeichnung *pilot bread*, also Brot, führt allerdings ein wenig in die Irre. Denn tatsächlich handelt es sich um handtellergroße, ungesalzene und nahezu geschmacklose Cracker, die kleine Kinder wie alte Greise in Verzückung versetzen. Sofern die über leistungsstarke dritte Zähne verfügen. *pilot bread* kann man mit nahezu allem kombinieren, was die Vorratskammer hergibt, um daraus eine Mahlzeit zu improvisieren. Lachskaviar, Sprühkäse, Eiscreme, Erdnussbutter und Apfelmus oder zerbröselt als Müsli. Angeblich 98 Prozent des in Virginia hergestellten *pilot bread* sollen in Alaska verkauft und konsumiert werden. Als vor ein paar Jahren Gerüchte die Runde machten, die Produktion werde eingestellt, ging ein panischer Aufschrei durch den Staat. Bis der Mutterkonzern Entwarnung gab. Die wuchtigen Kilopackungen mit dem blauen Matrosen im Logo bleiben also im Sortiment wirklich jedes noch so kleinen Dorfladens. Und wenn das Verfallsdatum mal überschritten ist, was frühestens zehn Jahre nach der Herstellung passieren soll, keine Sorge. Frisch aufgetoastet schmecken die Cracker wie neu, berichten Fans. Wobei die Konsistenz ohnehin resistent allen Umwelteinflüssen zu trotzen scheint. Hart und trocken bis zur Ewigkeit.

Das gilt auch für den in Alaska nicht minder beliebten *trail mix*. Bei uns wurde der über viele Generationen unter der drögen und wenig appetitlichen Bezeichnung Studentenfutter promotet. Wobei die heimische Mischung aus ranzigen Nüsschen und ollen Rosinen kulinarisch ungefähr so weit vom Ideenreichtum der Trailmixer entfernt liegt wie der Vogelsberg vom Denali. Mangos, Papayas, Ananas und andere exotische Trockenfrüchte, kombiniert mit Cashews, Macadamias, Pekannüssen, nicht entweder oder, sondern parallel und am besten noch karamellisiert. Dazu reichlich bunte Schokodragees, und wer's besonders frivol mag, greift zum offiziell erhältlichen *monster trail mix* mit zusätzlichen Schoko- und Erdnussbuttertropfen. So inspiriert, lassen sich abenteuerliche Mixturen auch selbst kreieren und nach Herzenslust zusammenstellen. Dabei lohnt sich in jedem Fall ein Gang durch die Backzutatenabteilung im alaskanischen Supermarkt, in der sich unzählige Beutel mit *chocolate*, *butterscotch* und *peanutbutter chips* stapeln, die normalerweise für den Einsatz beim Cookie- und Browniebacken vorgesehen sind. Der Phantasie und persönlichen Geschmackspräferenzen sind beim Mixen keine Grenzen gesetzt.

Berücksichtigen sollte man allerdings, dass der wahre Genuss sich nur entfalten kann, wenn der Kontrast zwischen Salz, Zucker und Frucht gewahrt bleibt. Ob Sie das mit zusätzlichen salzigen Nüssen oder mit Minibrezeln sicherstellen, spielt keine Rolle, wie Sie genießen hingegen schon. Denn einzelne Bestandteile rauszupicken mag zwar den Spieltrieb befriedigen, die Geschmacksnerven hingegen bleiben dann bitter enttäuscht. Greifen Sie also beherzt in den Ziploc-Beutel mit praktischem Gleitverschluss, in den Sie den fertigen *trail mix* umgefüllt haben, lassen Sie eine ordentliche Portion in den Mund gleiten, und schmecken Sie beim genüsslichen Zerkauen, wie sich eine abenteuerliche Aromavielfalt einstellt, die die Sinne ähnlich dramatisch berauscht wie die Landschaft, in der Sie sie vermutlich gerade probieren.

Aber Vorsicht, Suchtgefahr! Einmal auf den Geschmack gekommen, muss man sich schon sehr disziplinieren, um dem unkontrollierbaren Dauernaschen wieder zu entkommen. Auf meiner Yukon-Reise entwickelte sich der *monster trail mix* zur Hauptnahrungsgrundlage und die sich draufhin einstellende Plauze unter der Schwimmweste zu unansehnlichem und äußerst renitentem Körperballast. Kalorien kann man kaum konzentrierter zu sich nehmen.

Beim *jerky* spielt das erfreulicherweise eine nur untergeordnete Rolle, handelt es sich schließlich um mageres Trockenfleisch, weitgehend von Fett befreit. Grundsätzlich kann man *jerky* aus nahezu jedem Fleisch herstellen oder kaufen. Am gebräuchlichsten sind Streifen vom Rind, Büffel oder Lachs, leicht gewürzt oder mariniert und in handliche Plastikbeutel verschweißt. Man bekommt sie überall in Alaska. An der Tankstelle, am Straßenrand von privaten Anbietern und natürlich bei Safeway, Fred Meyer und Costco. Diese drei Supermarktgiganten teilen den Markt in Alaska quasi unter sich auf. Und auch wenn die Konzepte und das Sortiment sich ein wenig unterscheiden, ein Firmenschild, vom Highway aus schon weithin sichtbar, signalisiert, dass das Überleben für Monate gesichert ist! Während Safeway sich wie im Rest der USA vor allem auf Lebensmittel spezialisiert hat, bietet Fred Meyer in seinen urbanen Shoppingtempeln noch zusätzlich ein komplettes Warenhaus für Elektronik, Kleidung, Heimwerken, Gartenbedarf, Schmuck und Sportartikel. Nur Costco als Großhandel wirkt noch gigantischer, wie die Packungen, die hier angeboten werden. Spaghetti und Cornflakes in der praktischen Zweijahresvorratspackung bekommt aber nur, wer auch Mitglied ist. Außer einem Jahresbeitrag bedarf es dafür allerdings keiner weiteren Voraussetzung.

Zwar tummeln sich die Konsumgiganten verständlicherweise ausschließlich in Alaskas Ballungszentren, der stetig wachsende Bereich der Ordermöglichkeiten übers Internet oder Telefon macht die breite Produktpalette aber selbst in der abgelegensten Blockütte im Busch verfügbar. Geliefert wird dann mit dem Flieger oder der *barge*, monströsen Lastenkähnen, die die Siedlungen an den großen Flüssen und der Küste regelmäßig ansteuern und versorgen. Das erkärt auch den Erfolg von Sears in Alaska, einer Versandhauskette, die die Menschen hier seit Generationen mit allem versorgt, was der Dorfladen gerade nicht hergibt. So wie einst Quelle und Neckermann in den boomenden Wirtschaftswunderjahren die gutbürgerlichen deutschen Haushalte.

Logistik und Ökobilanz mögen manchmal zum Grübeln anregen, aber verzichten muss man in Alaska heutzutage eigentlich auf nichts. Auf fast nichts. »Wir sind besessen von Restaurantketten wie Olive Garden!«, gestand mir in Anchorage eine junge Alaskanerin. »Das ist wie ein großes Outing, dahin zu gehen, und danach am besten gleich noch shoppen bei Macy's. Das ganze Jahr sehen wir die Werbung im Fernsehen, aber die gibt's hier alle nicht. Wenn wir dann also in die anderen Staaten reisen, zieht es uns sofort dorthin, und jeder merkt, die müssen aus Alaska sein!«

Manchmal aber kommt der Berg auch unerwartet zum Propheten. Wie im Sommer 2012, als die 6000 Bewohner von Bethel in Südwestalaska zunächst von einem unbekannten Witzbold in Ekstase versetzt wurden, dann mit abgrundtiefer Enttäuschung fertigwerden mussten, als der üble Scherz aufflog, und schließlich ihren Augen kaum trauten, als die Verheißung vom Himmel doch noch zu ihnen kam.

Aber der Reihe nach. Bethel ist zwar die größte Siedlung der Gegend, hat aber wie schon an anderer Stelle erwähnt keinen Straßenanschluss. Das einzige Kettenrestaurant der Stadt ist eine Subway-Filiale, die zwar reichlich Zuspruch findet, im Busch aber längst nicht so ersehnt wird wie die Burgerbratereien oder gar mexikanisches Fast Food. Als dann im Frühsommer 2012 plötzlich Flugblätter die geplante Eröffnung eines neuen Taco Bell-Restaurants ankündigten, verfielen Bethels Bürger offensichtlich in einen kollektiven Sabberrausch der Vorfreude. Endlich hielten die wahren Errungenschaften der Zivilisation ihren Einzug in der Wildnis. Die Begeisterung aber wurde schon bald jäh enttäuscht, als sich die Ankündigung als Falschmeldung entpuppte, die dem zweifelhaften Humorverständnis eines anonymen Einzeltäters entstammte. Wer sich eine solch fiese Machenschaft erlaubte und warum, blieb ungeklärt. Der Fall aber sorgte für landesweite Schlagzeilen und ließ die Taco Bell-Zentrale aufhorchen. Von höchster Stelle wurde dort sogleich die »Operation Alaska« angeleiert, und bald darauf schwebte ein Helikopter mit darunter baumelndem Taco Bell-Truck und Zutaten für 10 000

Tacos nach Bethel. Die heroische Marketingaktion entschädigte Bethels Bewohner für die Gefühlsachterbahn und sorgte für einen medialen Sturm der Begeisterung in den sozialen Netzwerken. Eine dauerhafte Filiale wird es wohl trotzdem in Bethel bis auf Weiteres nicht geben.

Wenn sich Alaskaner mit solchen und ähnlichen Enttäuschungen abgefunden haben, nehmen sie ihr Schicksal pragmatisch selbst in die Hand und fangen an zu experimentieren und zu improvisieren. Das erklärt vielleicht ein weiteres kulinarisches Phänomen, das einem sofort ins Auge sticht, wenn man auf den Highways unterwegs ist. Nirgendwo sonst überraschen so viele *coffee huts* am Wegesrand, selbst in den abgelegensten Gebieten, und machen deutlich: »Wir lieben unseren Kaffee! Vor allem im Winter, wenn es kalt und dunkel ist und wir ihn brauchen, um in Gang zu kommen. Im Sommer gibt er uns dann die nötige Energie, weil wir den ganzen Tag aufbleiben und jeden Lichtstrahl der Sonne auskosten wollen. Koffein hält uns am Leben, treibt uns an«, erklärt Wirtschaftsexperte Bill Popp die unzähligen *java shops* und *espresso joints*, kleine, vielfach mobile Häuschen, die in Drive-In-Manier frisch zubereitete Kaffeespezialitäten anbieten.

Erstaunlich auch die Zahl der lokalen Röstereien in Alaska. Raven's Brew in Ketchikan, Heritage in Juneau, Kaladi Brothers in Anchorage, North Pole bei Fairbanks, um nur die bekanntesten Röster zu nennen, die, vielfach in Bioqualität, ausgewogen rauchig-feinherbe Bohnen produzieren, die zu den besten und schmackhaftesten der Welt gehören. Die meisten Firmengeschichten begannen vor ein paar Jahrzehnten in einer Garage oder Hütte, wo in den langen Wintern ausgiebig Zeit zum Experimentieren und Verbessern blieb, um mit den großen Kaffeehausketten des Südens mithalten zu können, die dort und später in der ganzen Welt die Kaffeekultur revolutionierten. Ähnlich lässt sich auch der Erfolg der lokalen und regionalen Minibrauereien Alaskas erklären, die nach geschickter Tüftelei und mit viel Improvisationstalent kultige Biere auf den Markt brachten. Was es hier nicht gibt, wird selbst gemacht. Das dauert zwar manchmal etwas länger, aber das Ergebnis übertrumpft das Original mitunter um Längen. Häagen-Dazs oder Ben & Jerry's? Für die Inupiat gibt es kein Eis, das besser schmeckt als ihre *Eskimo Icecream* aus Beerenpüree, Robbenöl und frischem Schnee. Die Rezepte variieren, manchmal werden Rosinen, Zucker und Backfett hineingemischt, gelegentlich sogar Weißfisch. Alaskas Nahrungsangebot ist reich, in der Natur, den städtischen Supermärkten oder online. Und glaubt man mancher Statistik, ist es auch gesund. Demnach finden sich in Alaska die im Bundesvergleich niedrigsten Raten an Diabetes, Krebs, Herz- und Hirngefäßerkrankungen und Krankenhausaufenthalten. Vielleicht hängt das aber auch mit dem nach Hawaii höchsten Konsum von *Spam* zusammen, wie gelegentlich scherzhaft gemutmaßt wird. *Spam*, die Kurzform für *spiced ham*, also gewürzter Schinken in Aspik, zählt, in den klassischen, länglichen Dosen verpackt, zu Amerikas legendärsten Lebensmitteln und gehört zusammen mit *pilot bread*, *trail mix* und *jerky* in jede Notfallproviantbox. Lange Haltbarkeit, grenzenlose Kombinations- und Zubereitungsmöglichkeiten und solide Omnipräsenz sorgten für Kultstatus. Und dafür, dass *Spam* Namensgeber für den Mailfilter wurde, der die Flut unerwünschter Nachrichten an unsere E-Mail-accounts umleitet. Dass *Spam* hingegen auch für die in Alaska niedrigste Todesrate im Landesvergleich verantwortlich ist, wie vom hiesigen Kultkomiker Mr. Whitekey nahegelegt wird, scheint nicht belegbar. Dann vielleicht schon eher die weise Voraussicht der aus dem Leben Scheidenden, dass Sterben im Winter mit Warten verbunden sein könnte. Darauf, dass der Boden wieder auftaut und man zusammen mit den anderen im Schnitt hundert bis 150 akkumulierten Leichen im Frühjahr endlich bestattet werden kann.

Plumpsklos und warum ohne Klebeband und blaue Bauplane hier gar nichts geht

Plumpsklos, Blockhäuser und blaue Bauplanen – Alaskaner hausen manchmal ziemlich wild! Vor allem aber nicht nur im Busch. Die Traumhäuser hier müssen zuallererst eines sein: funktionell. Pragmatisch deshalb der Baustil, auch wenn man damit vielleicht keinen »Unser Dorf soll schöner werden«-Wettbewerb gewinnt oder es trotz liebevoll arrangierter Blumenbouquets, die im Vorgarten aus rostigen Kühlerhauben sprießen, nicht auf das Cover vom *Better Homes & Gardens*-Magazin schafft.

Bis Mitte der 1990er-Jahre hatte man in Alaska noch Anspruch auf ein ordentliches Stück Land, das man nahezu frei wählen und dann für zehn Dollar Gebühr auf seinen Namen hat eintragen lassen können. Ganz so anarchistisch geht es mittlerweile nicht mehr zu, aber noch immer entscheiden an vielen Orten keine Bauauflagen, sondern allein Funktionalität und persönliche Vorlieben über die Architektur einer Behausung. Und weil es für viele Männer hier zur Geschlechterehre gehört, die eigene Hütte auch selbst zu zimmern, schillert die Bandbreite der Häuserarchitektur wie die surreal farbigen Regenbogen nach einem Sommerschauer über der weiten Taiga. Die Zutaten für eine *dry cabin* ohne fließendes Wasser und Toilette, vielfach auch weiterhin der Standard, zumindest für den Wochenendfamiliensitz, bleiben unverändert simpel.

»Ein Stück Wald, dann fällst du Bäume, machst Stämme daraus, baust da deine Hütte und lebst quasi vom Land«, verriet mir Ranger Josh, der am Stadtrand von Fairbanks in genau so einem Modell mit seinen Hunden lebt. »Es gibt inzwischen allerdings verschiedene Level, ganz trocken, feucht bis hin zu nass, also eben doch mit Wasseranschluss. Und alles dazwischen, sogar die voll ausgestattete Variante inklusive Abwasserleitungen.« Feucht bedeutet in den meisten Fällen ein Tank, aus dem bei Bedarf Wasser in die *cabin* läuft. *Dry cabins* sind nicht nur deshalb so beliebt, weil sie einfach und günstig zu bauen sind. Der Aufwand, fließendes Wasser zu den abgelegenen Hütten zu legen und die Leitungen dann gegen den arktischen Winter zu isolieren, steht in keiner Relation zum Nutzen, sofern überhaupt möglich. Liegt das Blockhaus nicht an einem Fluss, Bach oder See, muss das Wasser in Containern rangeschafft werden. »Das macht Spaß, und man lernt, Wasser zu sparen. Was manchmal auch heißt, keine Dusche für eine Woche bis zum nächsten Besuch im *Rec*«, begeistert sich Tor Christopherson, der in Anchorage als Sozialarbeiter an einer Highschool arbeitet und sich nebenbei als Zimmermann und mit dem Bau von *cabins* ein zweites Standbein schafft.

Das *Rec*, oder *Recreation Center,* ist eine gemeinschaftliche Erholungseinrichtung mit Sportanlagen, Fitnessräumen und Kinderbetreuung. Treffpunkt und soziale Begegnungsstätte in vielen Dörfern und kleinen Städten, die oftmals alternativ oder zusätzlich über eine *washeteria* verfügen, ein öffentliches Bade- und Waschhaus, an dem die Bewohner auch Trinkwasser abzapfen können, wenn ihre Häuser *off the grid* liegen, also eben über keine Leitungen verfügen. Dann wird Wasser zum Wertstoff und die tägliche Dusche zum Luxus, den sich keiner erlauben mag. Vielleicht auch ein Grund, warum Mützen in Alaska so beliebt sind, die beste Waffe gegen einen *bad hair day*. Der notorische Wassermangel im Wildnisalltag könnte auch die vielen abenteuerlichen Bärte erklären, die in nordischen Männergesichtern sprießen. Oder sie sind Ausdruck der verwegenen Seele des Trägers. Und sie isolieren vermutlich ein wenig gegen die eisigen Winterwinde.

Aber nun zurück ins Haus. Als Ersatz für ein vollfunktionsfähiges WC galt in Alaska der *honey bucket* lange als Standard, ein Zwanzig-Liter-Eimer mit Klositz, den man in eine Senkgrube entleerte, wenn er voll war. Noch beliebter aber sind die *outhouses*, die wir auf Deutsch unter der wenig appetitlichen, dafür aber sehr bildhaften Bezeichnung Plumpsklo verunglimpfen. Denn wie bedeutend *outhouses* für die Kultur und Geschichte Alaskas sind, unterstreicht ein in diesem Zusammenhang gern zitierter Bericht, der die historisch signifikanten Gebäude im kleinen Örtchen Hope auf der Kenai Peninsula aufführte. Unter den insgesamt 128 erwähnten Objekten sollen sich immerhin 27 *outhouses* befunden haben. Grundsätzlich gibt es *outhouses* ja auf der ganzen Welt, aber nirgendwo sonst werden sie so begeistert beschrieben, gewissenhaft gebaut und liebevoll verziert wie in Alaska.

Zunächst muss man ein rechteckiges Loch ausheben, eine Grube, etwa anderthalb Meter tief und einen Quadratmeter groß, dann jeweils einen Holzpfosten in jede der vier Ecken treiben. Manchmal stabilisieren Sperrholzplatten die Seiten noch zusätzlich, damit sie nicht einstürzen. Profis behandeln das Holz sogar noch, damit es länger hält. Die eigentliche Hütte darüber wird aus Stämmen, Latten oder Sperrholz zusammengenagelt, eine Tür angeschraubt und im besten Fall noch mit einem bleiverglasten Fenster versehen. Manche verzichten zugunsten ungehinderter Sicht komplett auf die Tür und nehmen die dann eingeschränkte Privatsphäre gerne in Kauf, was mit Blick auf die zuvor bewusst abseits gewählte Lokalität sicher vertretbar ist. Bären- und Mückenspray aber nicht vergessen, vor allem wenn der Weg vom Haus ein bisschen weiter ist. Denn nichts nervt mehr als ungebetener Besuch mitten im Geschehen. Styroporsitze wärmen im Winter das Gesäß besser als Kunststoff, Holz oder gar Keramik. Ein Eimer Sägespäne, die man nach dem erledigten Geschäft fleißig durchs Loch schaufelt, minimiert die Geruchsbelästigung und beschleunigt den Kompostierungsprozess.

Zum Happening kann der Besuch des *outhouse* durch entsprechende Deko und bereitgelegte Literatur werden. Historischer Tinnef, schnörkelige Kerzenleuchter, antike Werbeschilder, alte Fotografien und humoristische Essays oder Reisemagazine lassen den Benutzer manchmal deutlich länger verweilen als eigentlich nötig. Wer's gesellig mag, montiert zwei Sitze nebeneinander, ohne Sichtschutz, was vermutlich doch eher im Kindesalter funktioniert, wenn die Scham noch nicht so ausgeprägt ist. Ist die Grube dann nach fünf bis zehn Jahren voll, hebt man direkt daneben eine neue aus, schiebt das Häuschen einfach rüber und verschließt die alte. Manchmal befindet sich neben *cabin* und *outhouse* noch ein drittes, kleines Gebäude, ein *cache*. In dieser Vorratskammer auf Stelzen schützten die Trapper und Goldsucher früher vor allem ihren Proviant gegen große und kleine Futterneider.

Wie man sich das alaskanische Traumhaus selbst zimmert, hat niemand eindrucksvoller beschrieben als der König aller modernen Blockhüttenbauer, Buschmänner, Aussteiger und Heimwerker Alaskas: Dick Proenneke. Im Alter von 52 Jahren hatte der hochtalentierte Schreiner, Mechaniker und Lachsfischer genug beiseite geschafft, um vorzeitig in den Ruhestand zu gehen. Er reiste in die Wildnis nach Twin Lakes zu zwei großen Seen in Südwestalaska, die man nur mit dem Buschflieger erreichen konnte. Dort angekommen, fällte er Bäume, goss aus Zement und Seekieseln ein Fundament und errichtete eine kleine Blockhütte. Dabei ging er nicht nur gewissenhaft und akribisch vor, er filmte sich auch und führte detailliert Tagebuch. Aus seinen Aufzeichnungen und dem Filmmaterial wurden viel später ein Buch und die Dokumentation »Alone in the Wilderness«, in der die Zuschauer erstaunt verfolgen können, wie Proenneke sich komplett aus Holz einen bärensicheren Schließmechanismus für die Tür fertigte, Mobiliar und Kochlöffel schnitzte oder aus ausrangierten Blechcontainern Küchenutensilien formte und schließlich eine selbst konstruierte Kühlbox im Permafrostboden versenkte. Und das alles ohne die mittlerweile so obligatorischen wie legendären Leatherman-Multifunktionstools, die erst ein bis zwei Generationen später ihren Siegeszug durch Alaska und den Rest der Welt antraten und heute an keinem Survivalgürtel fehlen dürfen. Dreißig Jahre lebte Dick anschließend allein in seiner Hütte, bis er 1999 im betagten Alter von 82 zu seinem Bruder nach Kalifornien zog und vier Jahre später an den Folgen eines Schlaganfalls verstarb. Die *cabin* hatte er zuvor der Nationalparkverwaltung vermacht, die sie und seinen Erbauer seitdem als Inspiration und Vorbild für neue Outdoorgenerationen feiert.

Dick Proenneke war zweifellos ein handwerkliches Jahrhunderttalent. Wer weniger gesegnet oder geschickt ist, braucht aber in Alaska nicht zu verzagen. Denn mit *tarps* und *duck tape* lässt sich alles improvisieren, was sonst zu zeitintensiv oder kompliziert wäre. Wände, Fenster, Dächer, Abdeckungen, Spontanunterkünfte, Gemeinschaftszelte – die grobe blaue Bauplane mit den vorgestanzten Metallösen muss für alles herhalten, und nicht selten wird aus der vorübergehenden eine Dauerlösung.

Immerhin gibt es sie in unterschiedlichsten Größen und Stärken. Und was die *tarps* nicht schaffen, kriegt man locker mit *duck tape* hin. Dieses Multifunktionsklebeband fehlt in keinem amerikanischen Haushalt. Fans behaupten, es gäbe nichts, was man damit nicht reparieren könne. Und wenn irgendwo was locker oder lose ist, das aber nicht locker oder lose sein soll, fehlt einfach nur ein bisschen *duck tape*! Mit Enten haben die Rollen reichlich wenig zu tun, auch wenn der Marktführer sein Produkt damit labelt. Tatsächlich aber bedeutet *duck* eben auch Leinen- oder Segeltuch. *Duck tapes* sind also meist graue oder silberne Gewebebänder, die für unterschiedlichste Zwecke entwickelt wurden, unter anderem zum Versiegeln oder Reparieren von Kanalrohren oder Schächten, die man im Englischen auch als *duct* bezeichnet. Deshalb heißt das *duck tape* im Laden vielfach korrekter *duct tape,* aber wir wollen es nicht unnötig verkomplizieren. Fakt ist: Schneller und einfacher kann man nicht reparieren und improvisieren, egal was.

Das schätzen Alaskaner offenbar so sehr, dass Wasilla nördlich von Anchorage im Jahr 2003 zur »Duct Tape Capital of the World«, zur Welthauptstadt des *duck tape* avancierte. In keinem anderen Walmart war zuvor innerhalb eines Jahres mehr Klebeband verkauft worden. Über 500 Kilometer sollen es ingesamt gewesen sein, umgerechnet auf die Einwohnerzahl bedeutete das, dass jeder Bürger fast hundert Meter verklebt haben muss. Zwei Monate nach den offiziellen Feierlichkeiten wurde interessanterweise von einem Jäger in der Gegend berichtet, der seine Wunden nach einer Grizzlyattacke mit *duck tape* erstversorgt hatte und danach mit dem Quad zu seinem Truck und weiter ins Krankenhaus brauste. Dass *duck tape* nicht nur praktisch veranlagte Gemüter befriedigt, sondern auch schöngeistige Seelen inspirieren kann, beweisen die beliebten »Things You Can Make with Duct Tape«-Wettbewerbe, bei denen die Teilnehmer Bikinis, Eishockeyspieler, Schneewittchens Kutsche oder Bärenskulpturen aus Klebeband basteln. Hauptpreis sind meist Einkaufsgutscheine vom sponsernden Baumarkt. Für noch mehr *duck tape* zum Trainieren.

Neben der Vorliebe für Baumstämme und blaue Planen beim alaskanischen Hausbau wird in vielen Fällen eine weitere Besonderheit auf den Grundstücken ins Auge stechen, der *goodie pile*. Vordergründig vielleicht ein rostiger Haufen Schrott, wer aber tiefer gräbt, findet womöglich eine Schatzkammer längst vergriffener Ersatzteile und überraschender Nützlichkeiten. »Früher konnte man nicht einfach in den Laden gehen und was Neues kaufen, wenn etwas kaputtging. Du musstest lernen zu improvisieren, hast Sachen verbogen, zusammengeschweißt, zusammengeschustert und es irgendwie passend gemacht. Diesen Improvisationsgeist bringt dir Alaska bei«, rechtfertigt Charles die Autowracks, ausgemusterten Landmaschinen und den undefinierbaren Bauschutt in vielen Vorgärten. Er lebt mit seiner Familie *off the grid* in der Nähe von Homer, produziert seinen Strom selbst mit Fotovoltaik und Windrädern und rüstet Dieselmotoren auf altes Frittieröl um. »Damals hast du nichts einfach weggeworfen, weil irgendwann der Moment kam, in dem du es wieder hast brauchen können. Ein Stück Metall oder sonst was hast du aufgehoben, für den Augenblick, wenn du deinen Traktor reparieren musstest. Dann bist du zu deinem *goodie pile* und hast das passende Teil gefunden.« Echauffieren Sie sich also bloß nicht über den vermeintlich fehlenden Ordnungssinn der Alaskaner oder unterstellen ihnen ein kollektives Messie-Syndrom.

Und Iglus? Noch immer grassiert unter Erstbesuchern offenbar die Vorstellung, hier wohne man einheitlich in Schneekuppeln, wie zahlreiche Gespräche auf meinen Reisen zeigten. Sie ahnen, dass es sich damit ähnlich verhält wie mit den Tipis der Prärieindianer, die ebenfalls längst auf komfortablere Häuser umgestiegen sind. Die Eskimos und Inuit, die früher tatsächlich Iglus bewohnten, bauen sie heute nur gelegentlich als Schutzhütte. Der Vollständigkeit halber seien noch die auffällig häufig in Alaska zu findenden Jurten erwähnt. Diese Rundzelte der asiatischen Nomaden dienen, industriell unter Einsatz strapazierfähiger Kunststoffe gefertigt, vielen Aussteigern im Busch als Unterkunft, wenn die Blockhütte sich noch in der Planungsphase befindet oder wegen der beschränkten handwerklichen Fähigkeiten nicht zur Debatte steht.

Mögen die Lebensumstände mitunter auch archaisch anmuten, Hightech kompensiert die Abgeschiedenheit und den Verzicht auf Komfort großflächig. Selbst in den abgelegensten Dörfern ist vielfach das Internet die Brücke zum Rest der Welt, manchmal noch zäh und langsam, zunehmend aber erreichen auch Highspeed-Verbindungen den Busch. Und helfen den Kindern beim Lernen. *Homeschooling* und Fernunterricht stellen für viele Familien die einzig praktikable Alternative zur nächsten schwer oder gar nicht erreichbaren Schule dar. Abends streamt Netflix dann die neuesten Blockbuster auf den Bildschirm. Und über Facebook lassen sich Freundschaften selbst über schier unüberbrückbare Distanzen knüpfen oder pflegen. Und wenn man sich dann doch mal wieder trifft, wird nicht gefremdelt, sondern meist unkompliziert nahtlos da angeknüpft, wo die letzte, oft monatelang zurückliegende Begegnung endete. Keiner hier erwartet ständigen Kontakt oder nimmt es übel und unterstellt vorwurfsvoll Oberflächlichkeit oder Desinteresse, wenn Freunde sich lange nicht melden. Begegnungen sind und waren immer schon zu wertvoll.

Diese Besonderheit belegen auch die weiterhin beliebten *guest books*, die in öffentlichen Gebäuden wie privaten Haushalten gepflegt werden, um zwischenmenschliche Highlights zu dokumentieren und vielleicht auch später in der Einsamkeit noch davon zehren zu können. »Besuch war jedes Mal etwas Besonderes«, gestand mir Atz Kilcher, ältester Sohn einer Schweizer Einwandererfamilie, die in den 1940er-Jahren auf der Kenai Peninsula bei Homer fast 250 Hektar Land urbar machte und dort noch heute siedelt. »Mama hat dann das selbst gebraute Bier, Brot und geräucherten Fisch und Elch aufgetischt. ›Zeit zum Feiern! Wir haben Besuch!‹, sagte sie. Manchmal war es der erste seit ein oder zwei Monaten. Vor allem die alten Alaskaner begegnen Fremden noch immer mit großer Freude und Offenheit.«

Alaskaner sind kommunikativ und immer zu einem Schwätzchen bereit. Nicht selten schließen sich den ersten gewechselten Worten Einladungen zum Kaffee, Essen oder gar zur vorübergehend freien Nutzung des Trucks und der Gästehütte an. Vor allem im Winter, wenn so mancher Einwohner mit den Vögeln nach Süden in wärmere Gefilde zieht und die Siedlungen verwaisen. Dann sind Besucher eine besonders willkommene Abwechslung für die Verbliebenen und Prävention gegen das gefürchtete *cabin fever*. Medizinisch korrekt spricht man vom SAD, *Seasonal Affective Disorder*, also eine saisonal begrenzte, gefühlsbedingte Störung, die mit Depression, Missmutigkeit und Unzufriedenheit einhergehen kann. Gemeinhin wurde das *cabin fever* für so manchen Amoklauf unter einsamen Trappern oder Goldsuchern in den winterlichen Wäldern verantwortlich gemacht. Tatsächlich hatten die ja aber auch im Winter alle Hände voll zu tun, um die Hütte zu heizen und Nahrung zu beschaffen, zuzubereiten oder Fallen zu stellen. Sie verbrachten winters also deutlich mehr Zeit draußen als die Städter heute, die sich nicht in die Kälte trauen und auch deshalb anfälliger scheinen.

Vorsichtshalber organisieren die Gemeinden und Städte dann auffällig viele Aktivitäten. Gerade der Dezember artet mancherorts in regelrechten Freizeitstress aus, mit unzähligen Adventstees, Foren zum Plätzchentausch, Adventskranzbastelworkshops im *Rec Center*, Pfefferkuchenhäuser-Bau- und Deko-Wettbewerben, Weihnachtsliedersingen und den stets beliebten Yuletide-Bällen unmittelbar vor den Festtagen, die mit den obligatorischen Verkleidungen und der geselligen Feuchtfröhlichkeit oftmals mehr an Karneval als an Weihnachten erinnern. Als Kampfansage gegen die Trübseligkeit entstanden auch Events wie das alljährliche *Iceworm Festival* in Cordova, bei dem neben den sonst üblichen Kirmesattraktionen und -aktivitäten wie Browniebackwettbewerben oder Pingpongturnieren die Eiswurmsparade mit einer dem chinesischen Drachentanz nicht unähnlichen Wurmpolonaise durch die Hauptstraße im Zentrum des bunten Treibens steht. Die mikroskopisch kleinen Eiswürmer, die zum Festival einst inspirierten, existieren übrigens tatsächlich. Vorzugsweise in den Gletschern im äußersten Nordwesten des amerikanischen Kontinents, wie sie in Südalaska um Cordova reichlich zu finden sind. Noch spektakulärer geht's im Februar und März bei der *World Ice Art Competition*, der Eisskulpturweltmeisterschaft in Fairbanks, zu. Mehr als hundert Künstler aus aller Welt schnitzen in verschiedenen Kategorien die surreal anmutenden Figuren aus gigantischen Eisblöcken.

Auch wenn der Winter kalt, dunkel und lang ist, langweilig muss es in Alaska deshalb noch längst nicht sein. Selbst ohne Malls, Kino und McDonald's. »Viele können nicht glauben, dass man es hier die ganze Zeit aushalten kann, so ganz ohne Stadt und deren Annehmlichkeiten«, meint schmunzelnd Dave aus Skagway, wo er im Sommer Bustouren für Besucher anbietet. Wenn die Saison im September vorbei ist, wird es dort für mindestens acht Monate ziemlich ruhig. »Und das ist gut so, dann bleibt mehr Platz für uns Alaskaner.« Nicht, dass sie keine Besucher mögen, ganz im Gegenteil, wie ich ja ausführlich dargelegt habe. Aber für wen eine gewisse Einsamkeit und Abgeschiedenheit im Alltag eher zur Regel gehört, der braucht nach dem äußerst hektischen, aufregenden Sommer erst mal eine Pause, um die innere Gelassenheit besser ausleben zu können. »Ja, wir haben keine Eile. Erwarten zum Beispiel auch nicht sofort eine Reaktion auf eine E-Mail, während man anderswo schon ungeduldig wird, wenn nicht innerhalb von zwei Stunden eine Antwort kommt.«

Ein weiteres Plus für viele Bewohner Alaskas: Es gibt keine Kriminalität! Zumindest keine wirklich nennenswerte. Auch deshalb bleiben Haustüren und Autos meist unverschlossen. Mit das peinlichste Outing für einen Neuankömmling in Alaska ist, seinen Wagen an den neuen Wohnort zu verschiffen und anschließend die Alarmanlage nicht zu deaktivieren. Wenn die dann unvorhergesehen durch einen streunenden Kojoten an der Tankstelle ausgelöst wird, outet man sich sofort als *cheechako*, der noch einen langen Weg vor sich hat, um Misstrauen und städtische Ängste über Bord zu werfen. »Hier sind wir nicht argwöhnisch. Wir müssen uns keine Sorgen machen, dass jemand anderer zu verrückt oder unkonventionell ist. Hier reden wir noch miteinander, helfen uns gegenseitig und stoppen an der Straße, ohne darüber nachzudenken, was alles passieren könnte.« Fast schon anachronistisch wirken diese uralaskanischen Tugenden, die das Miteinander der Menschen selbst im 21. Jahrhundert der Globalisierung und Rastlosigkeit so entspannt gestalten. Da passt dann auch die Tatsache, dass das Lokalradio vielerorts nicht nur für Musik und Nachrichten zuständig ist, sondern in den Sendungen regelmäßig persönliche Ankündigungen übermittelt. John Smith erfährt so, dass am Flugplatz ein Paket für ihn zur Abholung bereitliegt, Mary Miller sucht einen Babysitter für den Abend, und am Hafen ist heute fangfrischer Fisch direkt vom Kutter erhältlich.

Und wenn wir schon beim Radio sind, reden wir auch gleich über Musik in Alaska, wo das öffentlich-rechtliche Radio, anders als im Rest der USA, eine sehr viel bedeutendere Rolle spielt. Kommerzielles Privatradio hat eigentlich nur in den Ballungszentren eine Chance und sendet je nach Genre meist den gleichen Mainstream-Musikmix wie überall. Nicht so bei den 25 unabhängigen Sendern der *Alaska Public Radio Network*-Gruppe, die sich über alle Regionen verteilen. Zwischen Nachrichten, Talk und hintergründigen Reportagen laufen Weltmusik, Jazz, Folk und Bluegrass. Der von *fiddle* und *banjo* dominierte Bluegrass, der sich aus der *mountain music* der *hillbillies* in Kentucky und anderen Regionen der Appalachen im Südosten Amerikas entwickelte, ist groß in Alaska. An fast jedem Wochenende gibt es irgendwo ein Festival, wo er live gespielt wird. Dazu ein buntes Unterhaltungsprogramm, Lagerfeuer, Barbecue, und fertig ist das perfekte Outdoor-Event für einen entspannten Alaskatag.

Auch die berühmteste musikalische Tochter des Staates wuchs damit auf: Jewel, die Tochter von Atz Kilcher, den wir zuvor schon kurz kennengelernt haben und von dem ich im letzten Kapitel noch ausführlicher erzählen möchte. Jewel verbrachte den größten Teil ihrer Kindheit nach der Trennung der Eltern bei ihrem Vater in Alaska. Sie lebte in einer *cabin* ohne WC, aber mit *outhouse,* und trat gemeinsam mit Papa in Clubs auf. Dafür lernte sie auch zu jodeln. Ihren Durchbruch erlangte Jewel aber in Kalifornien, wo sie in einem *coffee shop* entdeckt wurde und vom Fleck weg einen Plattenvertrag bekam. Das erste Album »Pieces of You« erschien 1995, landete zwei Top Ten-Hits und verkaufte sich mehr als zwölf Millionen Mal. Seitdem hat sie ihren Stil gelegentlich verändert, von Singer-Songwriter-Folk zu Pop zu Country, und die Verkaufszahlen ingesamt locker verdoppelt. Ich erinnere mich noch aus meiner Radiozeit, dass wir beim Anmoderieren den für uns exotischen Aspekt ihrer Herkunft aus Alaska mindestens genauso gerne erwähnten wie Jewel in Interviews oder auf ihrer Homepage. Mittlerweile lebt sie, verheiratet mit einem Rodeo-Champion, auf einer Ranch in Texas, und die Fans in Alaska warten sehnsüchtig auf eine Rückkehr ihrer erfolgreichen Tochter, zumindest für ein Konzert.

Große Namen verschlägt es selten so weit nach Norden. Elton Johns Auftritte in Anchorage und Fairbanks 2008 zählen zu den Highlights der letzten Jahre. Auch wenn man munkelte: Der musste bei seiner Tour halt hier zwischenlanden, um aufzutanken, und dachte sich wohl, dann mache ich gleich noch ein bisschen Kohle nebenbei. Den Konzertbesuchern war's egal, sie gieren nach Popkultur und freuen sich über jeden Künstler, der nicht erst zehn Jahre nach seiner Glanzzeit hier auf der Bühne steht. Im Sommer 2012 kam Rapper Pitbull für einen Blitzbesuch nach Kodiak. Walmart hatte zuvor verkündet, die Filiale mit den meisten Likes auf Facebook würde das Ziel für den Musiker. Das Resultat fiel eindeutig aus, Kodiak erhielt Tausende von Klicks mehr als der zweitplatzierte Walmart. Dabei half die Kampagne eines Internetjournalisten, der über Twitter für die Alaskafiliale geworben hatte. Bei der Ankunft des Rappers wurde er gefeiert wie der Heilsbringer eines lebensrettenden Medikamentes. Indianische Tänzer empfingen ihn, Pitbull erhielt den Schlüssel zur Stadt und ein Carepaket mit XtraTufs und Bärenspray. Er revanchierte sich mit einem Konzert für die örtliche Küstenwache und dem Versprechen, dass er Kodiak in einem seiner nächsten Songs erwähnen werde. Dann düste er weiter nach Atlanta, um seine eigentliche Tournee fortzusetzen, und konnte es sicher kaum erwarten, die neuen Gummistiefel nun beim nächsten Hitzegewitter in seiner Heimat Florida auszuprobieren.

Schwarzes Gold und geschenktes Geld – Alaskaner haben's besser!

Wie eine silbrig glänzende, apokalyptische Monsterraupe zieht sich die Pipeline fast 1300 Kilometer durchs Land. Von den Ölfeldern der Prudhoe Bay am Arktischen Ozean ganz im Norden werden täglich Hunderttausende Barrel quer durch Alaska bis zum Hafen von Valdez ganz im Süden gepumpt. Zehntausende Arbeiter und Ingenieure bauten über drei Jahre an diesem Mammutprojekt, das die USA nach dem Ölembargo der arabischen Welt 1973 unabhängiger machen sollte.

Ein fadenscheiniger Vorwand, denn seit Inbetriebnahme der Pipeline hat die Fördermenge über die Jahre kontinuierlich abgenommen und machte zuletzt weniger als ein Prozent des weltweiten Volumens aus. Selbst auf dem amerikanischen Markt betrug der Anteil nur etwas mehr als elf Prozent.

Aber die Pipeline und das Öl haben Alaska nachhaltig verändert. Innerhalb von kürzester Zeit lockten Tausende gut bezahlter Jobs die Menschen aus allen Teilen der USA in den Norden und sorgten für einen Zuwanderungsboom. Bis heute hat sich das jährliche Bruttosozialprodukt Alaskas im Vergleich zur Zeit vor der Pipeline verfünffacht. Der einstige Wildnisstaat wurde zur Wirtschaftsmacht innerhalb der USA. Früher zahlten die Menschen hier mit die höchsten Steuern, heute ist der 49. Bundesstaat weitgehend ein steuerfreies Paradies. Auch daran erinnert die aus über 100 000 Einzelelementen bestehende Metallleitung, die sich auf Stelzen und im Zickzack über den Permafrost und die bis zu 1500 Meter hohen Pässe der Brooks Range schlängelt. Die Betreiberfirma Alyeska gibt jedes Jahr ein kleines Büchlein heraus, in dem auf über hundert Seiten alle möglichen Fakten und Statistiken nachzulesen sind, von Betriebszeiten über Sicherheitsmaßnahmen bis zum schweren Erdbeben der Stärke 7,9, das man im November 2002 fast unbeschadet überstanden hat. Aber die Tabelle mit den im Laufe der Jahre ausgelaufenen Ölmengen mahnt, dass die Förderung von Öl und sein Transport ein gefährliches Spiel bleiben. Die Tankerkatastrophe der »Exxon Valdez« im Prinz William Sound 1989 passierte mit Öl, das durch diese Pipeline gepumpt worden war. Auch deshalb verstummen die Stimmen der Kritiker nicht, und die Erschließung weiterer Gas- und Ölfelder wird heftig bekämpft. Und mindestens so heftig befürwortet. Liebe lässt die Welt sich drehen, aber Öl schmiert die Räder, heißt es hier. Das Klischee der kapitalistischen Ölgiganten, die in alter Wildwestmanier nur reinreiten, abkassieren und rausreiten, mit skrupellosen Handlangern, die in ihrer spärlichen Freizeit süße Robbenbabys meuchelmorden, meint man zwar in manchen Gesprächen zwischen den Zeilen noch zu hören. Aber jeder Alaskaner weiß auch, dass der Staat und damit der Wohlstand seiner Bürger unmittelbar mit dem Ölpreis zusammenhängen. 85 Prozent der Staatseinnahmen stammen aus der Ölindustrie, das ist Fluch und Segen zugleich. Denn wenn die Preise mal fallen und das Barrel nicht mehr hundert, sondern vielleicht nur noch zehn Dollar kostet, wie beim historischen Tiefstand 1998, schrumpft der Staatssäckel gewaltig.

Um nicht ins bodenlose Finanznirwana zu stürzen, haben die alaskanischen Vorväter allerdings weise vorgesorgt und Rücklagen angelegt. Die befinden sich zum größten Teil im sogenannten *Permanent Fund*. 1976 schon, kurz vor Eröffnung der Transalaska Pipeline, wurde ein Gesetz verabschiedet, demzufolge ein Viertel aller Einnahmen aus der Ölwirtschaft in einen Fonds fließen muss, um damit gewinnbringend in Aktien, Immobilien und Rohstoffe zu investieren. Und zwar niemals in Alaska, sondern stets außerhalb. Eine brillante Strategie, denn mittlerweile befinden sich inklusive Zinsen und Gewinnerträgen rund 45 Milliarden Dollar in diesem Fonds (Stand Februar 2013). Gleichzeitig wurde damals entschieden, dass die Bürger an diesen Profiten beteiligt werden und eine jährliche Pro-Kopf-Dividende erhalten sollen. 1982 flossen die ersten tausend Dollar pro Kopf, seitdem wird jedes Jahr im Herbst ausgeschüttet.

Der Betrag richtet sich nach den gesamtwirtschaftlichen Entwicklungen und schwankte zwischen 330 Dollar 1984 und mehr als 2000 Dollar im Oktober 2008, für jeden, der mindestens ein Jahr in Alaska gelebt hat, egal ob Mann, Frau oder Kind. Eine vierköpfige Familie erhielt im Rekordjahr also über 8000 Dollar, eine ordentliche Finanzspritze, die im Gegenzug auch regelmäßig wieder die Wirtschaft in Alaska ankurbelt, vor allem die Umsätze des Einzelhandels. Der Staat bezahlt also seine Bürger quasi dafür, dass sie hier leben. Und nicht nur das, zusätzlich verzichtet er auch auf Einkommens- und Mehrwertsteuer. Wird auf dem Kassenzettel beim Einkauf doch mal Steuer ausgewiesen, dann nur die von der Stadt oder dem Landkreis erhobene.

Damit ist Alaska in der Union der am wenigsten besteuerte Staat. Und dennoch gleichzeitig einer der teuersten. Die Lebenshaltungskosten rangieren vielerorts um mehr als dreißig Prozent über dem Landesdurchschnitt. Das liegt vor allem an den langen Transportwegen für Waren, den Preisen für Wohnungen und den Nebenkosten. In Fairbanks schlagen besonders die Energieaufwendungen zu Buche, weil Strom und Wärme zu einem großen Teil aus teurem Öl produziert werden, ein Faktor, der bei den langen, arktischen Wintern natürlich ordentlich reinhaut. Auch die mehr als 200 Gemeinden und Siedlungen, die in Alaska nur mit dem Boot oder Flugzeug erreichbar sind, haben es schwer. Nur durch finanzielle Hilfe vom Staat können die meisten dieser Dörfer überleben. Trotzdem bleibt es ein Spagat für die Bewohner zwischen autarker Selbstversorgung und kapitalistischer Konsumwelt. Sprit und Diesel, der über Generatoren für den Strom sorgt, kosten dort mitunter das Doppelte wie im ohnehin schon teuren Rest des Staats, Strom manchmal sogar das Zehnfache. Da fällt die Entscheidung, Lebensmittel für die Familie zu kaufen oder Geld fürs Heizen auszugeben, manchmal nicht leicht. Ob einige der Siedlungen in Zukunft eine Chance haben und auch in zehn oder zwanzig Jahren noch existieren werden, bleibt deshalb fraglich. Viele Bewohner sind schon jetzt gezwungen, den Busch zu verlassen und in die Ballungszentren zu ziehen.

Manche Experten vergleichen Alaska wegen seiner Andersartigkeit in der Union auch wirtschaftlich mit Hawaii, trotz des Klimaunterschieds, der krasser nicht ausfallen könnte. Die Abgeschiedenheit beider Staaten aber verbindet. Immerhin besitzt Alaska im Gegensatz zu Hawaii durch eine Straße Zugang zum Rest Amerikas. Aber die Lage am Ende der Versorgungskette offenbart auch immer wieder die Abhängigkeit. Besonders wenn der Highway wegen Schnee, Lawinen oder Buschfeuer gesperrt werden muss und der Nachschub ausbleibt. Das verlockende *nationwide overnight* der landesweit operierenden Logistik-Unternehmen entpuppt sich dann hin und wieder als wenig realistisches Versprechen, wenn die Expresslieferung eben nicht über Nacht, sondern erst Tage später zugestellt wird.

Alaskas Wirtschaft zehrt von den Rohstoffen. Und auch wenn das so gern pathetisch als schwarzes Gold bezeichnete Erdöl dem gelben längst den Rang abgelaufen hat – noch immer wird geschürft, im großen wie im kleinen Stil. Nördlich von Fairbanks, das wegen des Goldrausches von 1902 noch immer den Spitznamen »Golden Heart City« trägt, ist mit der Fort Knox Mine die größte Goldmine in Alaska in Betrieb. Aber auch Silber, Kupfer, Zink und Kohle werden in verschiedenen Regionen abgebaut. Viele Ressourcen scheinen dabei, anders als das Öl, aus menschlicher Sicht noch immer unerschöpflich. Aber der Aufwand, sie hier im rauen Norden zu erschließen, rechnet sich nur, wenn die Nachfrage auf dem Weltmarkt die Preise stabil in die Höhe treibt. Sonst folgen, wie immer wieder in der Vergangenheit demonstriert, nach einem Boom mit nur kurze Zeit profitablen Erträgen unweigerlich die nächsten Industrieruinen und Geisterstädte. In Zukunft dürfte der Fokus vor allem auf den riesigen Gas- und Kohlevorkommen liegen. Man schätzt, dass etwa die Hälfte aller Kohleressourcen der USA in Alaska schlummert, bis zu fünf Milliarden Tonnen. Derzeit wird allerdings nur bei Healy, in der Nähe des Denali-Nationalparks, abgebaut.

Zunehmend spielt auch der Tourismus eine bedeutende Rolle, spätestens seit die Kreuzfahrtindustrie Alaska für sich entdeckt hat. Viele machen dafür ein Ereignis allein verantwortlich, das im Herbst 1985 die Welt in Atem hielt. Damals entführten palästinensische Terroristen im Mittelmeer das Kreuzfahrtschiff »Achille Lauro«, um Häftlinge in verschiedenen Ländern freizupressen. An Bord erschossen sie einen amerikanischen Rentner, der nach einem Schlaganfall an den Rollstuhl gefesselt war, und ließen seine Leiche über Bord werfen. Die Ereignisse sorgten für politischen Wirbel und katapultierten das weit abgelegene und vermeintlich sichere Alaska unter die künftigen Topdestinationen, vor allem für amerikanische Kreuzfahrttouristen. Innerhalb nur weniger Jahre stieg die Zahl der Besucher, die den Staat auf diese Weise erkunden, von einigen Tausend auf rund eine Million jährlich.

Für Alaskas Bewohner entpuppte sich diese Entwicklung schon bald als neuer Goldrausch, denn die Hafenstädte vor allem im Südosten entwickelten eine ganze Industrie rund um die Kreuzfahrer. Unzählige Schmuckläden, in denen vorzugsweise Saisonarbeiter mit orientalischem Migrationshintergrund Diamantringe zum Verkauf anbieten, reihen sich in den Hauptstraßen aneinander. Geschäftstüchtige Anbieter preisen schon am Dock ihre Helikopterflüge zu Gletschern, Hundeschlittentouren und historischen Busfahrten an. In Skagway am Ende der Inside Passage, das zwar als Tor zum Klondike-Gold galt, wo man aber niemals selbst fündig wurde, können Besucher heute in beheizten Wasserbecken Gold waschen, bevor sie sich beim Imbiss mit *Nugget Appetizern* und *Gold Rush Ale* stärken. Die *cruise ships* selbst gleichen fahrenden Kasinos, und so mancher Reisende mag sich fühlen wie sieben Tage eingeschlossen im Fuhrpark eines Gebrauchtwagenhändlers, der keine Gelegenheit auslässt, um auch noch die letzte Rostlaube mit einem Superdeal loszuwerden und die Scheine aus dem Portemonnaie zu kitzeln. Las Vegas auf See, mit Dumpingpreisen für Last-Minute-Kabinen. Und doch schaffen es alle Beteiligten meist irgendwie, die klar erkennbare Abzocke so nett zu verpacken, dass sich die

Touristen hinterher nicht zu fühlen brauchen wie leer gemolkene Kühe. Obwohl die ja ohnehin dankbar zu sein scheinen, wenn sie von der Last befreit werden.

Weil es sich gerade anbietet: Landwirtschaft spielt in Alaska aus bereits geschilderten Gründen nur eine untergeordnete ökonomische Rolle. Zwar bauen viele Bewohner hinter der Hütte oder im eigens und selbst gezimmerten Gewächshaus Tomaten, Salat oder Bohnen an. Im großen Stil aber floppten die Bemühungen eindrucksvoll. Meist lagen die Einnahmen aus der Agrarwirtschaft deutlich unter den Subventionen des Staates. Als besonders peinliches Beispiel wird auf Alaskas »Barley Project« verwiesen, das auf Vorschlag des damaligen Gouverneurs Jay Hammond Ende der 1970er-Jahre den großflächigen Anbau von Gerste im Tal des Tanana River fördern sollte. Die Regierung stellte kostengünstig Ländereien zur Verfügung und setzte auf den Bau einer Eisenbahnlinie bis nach Valdez, wo die Gerste dann nach Asien verschifft werden sollte. Als weder die Bahn kam noch sich der Erfolg für die Farmer so richtig einstellen wollte, wurde der kühne Plan vom nächsten Gouverneur wieder verworfen, und viele Millionen Dollar Steuergelder waren kräftig in den Sand respektive die Taiga gesetzt.

Anders die Fischerei-Industrie, die zu den produktivsten der Welt gehört, trotz schon beschriebenem Rückgang der Zahlen für die Königslachse. Ein Fünftel aller Jobs hängt an ihr, der Anteil an der Gesamtwirtschaft liegt bei drei Milliarden Dollar jährlich. Nach dem Öl sind Alaskas Fische und Meeresfrüchte die wichtigsten Ressourcen und der größte Exportschlager. Lachs, Heilbutt, Krabben, Heringe und Forellen tummeln sich noch immer in meist unerschöpflichen Mengen in Alaskas Gewässern. Das Ökosystem scheint relativ intakt, bekommt aber erste, deutliche Risse, wie nicht nur der Rückgang der *chinooks* nahelegt. Gerade mit Blick auf die immer lauter werdenden Stimmen aus der Wirtschaft und Politik, die den Ausbau des umstrittenen *offshore drilling* fordern, des küstennahen Bohrens nach Öl und Gas, mahnen Experten zur Umsicht. Im Falle einer Umweltkatastrophe könnten die Folgen für Natur und Tiere verheerende, nicht absehbare Ausmaße annehmen.

Der Vollständigkeit halber seien noch das Militär und das Luftfrachtgeschäft als wichtige Wirtschaftstreiber erwähnt. 25 000 Soldaten und Mitarbeiter auf den diversen Stützpunkten leisten mit ihren Familienangehörigen einen entscheidenden Beitrag zum Staatshaushalt. Anchorage gilt außerdem als der fünftgrößte Frachtflughafen der Welt. Über 80 Prozent der Luftfracht nach Asien verlassen die USA von hier aus. Unterm Strich also geht es Alaska richtig gut. Geringe Arbeitslosigkeit, hohe Löhne, aber auch hohe Kosten. Die Wirtschaft wird für Generationen weiter in erster Linie von den Rohstoffen abhängig bleiben. Ein anfälliges Konstrukt. Die Vorräte scheinen riesig und sind dennoch endlich. Wasser wird in Zukunft eine stärkere Bedeutung bekommen, als zunehmend wichtiger Rohstoff. Auch damit scheint Alaska im Überfluss gesegnet. Hier machen sich aber auch globale Phänomene wie die Klimaerwärmung als Erstes bemerkbar, wenn der Permafrost taut und nicht nur die Tierwanderungen beeinflusst werden. Dann wankt das fragile Ökosystem mit auch wirtschaftlichen Folgen. Hoffentlich wachen die Menschen schon vorher auf und handeln ähnlich umsichtig wie die Vorväter bei der Einrichtung des Permanent Fund.

Von der Volksheldin zur Verräterin. Und plötzlich hat Sarah keiner mehr lieb …

Kein Alaskaner ist bekannter als sie. Seit dem Präsidentschaftswahlkampf 2008, als John McCain sie aus dem Vizepräsidentschaftskandidatenhut zauberte, verbindet die ganze Welt den Namen Sarah Palin mit dem Bundesstaat.

Leider meist auf wenig schmeichelhafte Weise. Sarah Palins missglückte Interviews und das mittlerweile kultige »Man kann Russland sogar von hier aus sehen«, mit dem sie ihre Kompetenz für Außenpolitik plausibel unterstreichen wollte, schufen das Bild der tumben *hockey mom*, gegen das sich jede alaskanische Hausfrau seitdem wehren muss. Auch deshalb, aber vor allem weil sie nach ihrer überraschenden Wahl zum Gouverneur bereits vorzeitig die Segel strich, fiel Mrs Palin bei den meisten Alaskanern in Ungnade.

Ihre Karriere von der Provinzschönheitskönigin zur Bürgermeisterin von Wasilla bis in die Landespolitik ist hinlänglich bekannt und von Comedians global ausgeschlachtet worden. Interessant und für Alaska relevant bleiben aber die Gründe für ihren kometenhaften Aufstieg und genauso rasanten Fall. Die Hauptrolle spielt letztlich abermals das Öl. Bis zu seiner Entdeckung war der Plan, Alaska zum 49. Staat der Union zu machen, lange umstritten. Zu weit weg und zu andersartig, um sich ins sonst zwar vielschichtige, aber dennoch irgendwie homogene Gefüge der anderen Staaten einzugliedern, meinten die einen. Investoren in Alaska befürchteten hingegen hohe Steuern nach der Staatswerdung und sahen ihre Profite empfindlich schrumpfen. Mit der Erschließung des größten amerikanischen Ölfelds in der Prudhoe Bay kamen dann plötzlich massenweise Zuwanderer aus dem Süden, und viele Alaskaner klebten sich aus Empörung Sticker auf die Autos: *Happiness is 10 000 Okies going South with a Texan under each arm,* Glück ist, wenn 10 000 Okies (Bürger aus Oklahoma) nach Süden abziehen, unter jedem Arm einen Texaner! Damit machten sie ihren Unmut deutlich über die Gastarbeiter aus den beiden führenden Ölstaaten, deren Expertise zwar nötig war, die aber den Alaskanern auch Tausende Jobs wegschnappten. Immerhin spülte das Öl Reichtum in die vorher lange leeren Staatskassen, sorgte für Wohlstand und genug Geld für einen aufgeblähten Beamtenapparat. Der Staat wurde zum größten Arbeitgeber, die Bürokratie explodierte und schuf mehr Vorschriften, als man der *Last Frontier* zutrauen würde. Und weil Öl der

Motor ist und alles bestimmt, kommt hier auch nur der politisch voran, der das Land weiter erschließen will. Korruptionsvorwürfe wurden immer wieder laut, aber der *Good Ole Boys Club* aus Seilschaften zwischen Politik, Wirtschaft und Energiekonzernen hielt verschworen eng zusammen. Bis Bundesbehörden Anfang der 2000er-Jahre sich der Sache annahmen, im Gefolge zahlreiche Skandale aufdeckten und Politiker wie Wirtschaftsbosse zu Geld- und Haftstrafen verurteilten.

In diese Kerbe schlug auch Sarah Palin, als sie scheinbar schillernd und unverbraucht ihren Siegeszug auf der politischen Bühne antrat. Sie sagte zwielichtigen Klüngeleien den Kampf an, versprach Staatsausgaben zu kürzen und Misswirtschaft einzudämmen. Mit frischem Wind stürmte sie im Dezember 2006 triumphal ins Amt und erhielt schon bald traumhafte Zustimmungsraten von mehr als neunzig Prozent. Das Prestige litt aber, als 2008, kurz bevor John McCain sie ins landesweite Rampenlicht zog, Anschuldigungen über Amtsmissbrauch laut wurden. Man warf Sarah Palin vor, gegen ihren Exschwager zu intrigieren, damit er als *State Trooper*, als Polizist im Staatsdienst, gefeuert würde. Er befand sich damals in einem bitteren Rosenkrieg mit ihrer Schwester. Der eingesetzte Untersuchungsausschuss sprach Palin später zwar von den Vorwürfen frei, tatsächlich aber soll es wohl Gespräche mit dem zuständigen Leiter der Sicherheitsbehörde gegeben haben. Dessen Entlassung auf Anordnung der Gouverneurin sorgte rückwirkend für tiefe Kratzer im vorher so strahlenden Image. Weitere Untersuchungen und Vorladungen folgten, sodass Sarah Palin schließlich im Juli 2009, nach nur zweieinhalb Jahren im Amt, verkündete, sie werde nicht wieder kandidieren, und kurz darauf von Sean Parnell abgelöst wurde. Ihre Popularität, vor allem in Alaska, sank auf einen Tiefpunkt. Trotzdem stand sie auch weiterhin erfolgreich im Rampenlicht. Ihre im Herbst 2009 erschienene Autobiografie verkaufte sich millionenfach; ein Fernsehsender heuerte sie für die Reality-Serie »Sarah Palin's Alaska« an, in der sie mit ihrer Familie durch Alaska tourte, ein anderer gewann sie als politische Kommentatorin. Und sie wurde zur Schlüsselfigur der konservativen Tea-Party-Bewegung in den USA. Man handelte sie sogar als heiße Präsidentschaftskandidatin, bis sie Ende 2011 schließlich absagte.

Rückwirkend wird Sarah Palin vermutlich nur ein kurzzeitig schillerndes Kapitel in Alaskas Politikgeschichte sein, schnell verblasst wie die Geisterstädte nach dem Goldrausch. Und dabei hatte sie doch recht. An klaren Tagen kann man tatsächlich von Little Diomede, einer alaskanischen Miniinsel im äußersten Nordwesten mitten in der Beringstraße, rüber nach Big Diomede schauen. Die Schwesterinsel ist zwar unbewohnt, liegt aber bereits auf russischem Territorium.

Halten wir also fest: Politisch ist Alaska spätestens seit dem Öl fest in republikanischer Hand, auch wenn die Demokraten seit der Staatsgründung 1959 fast genauso viele Gouverneure stellen konnten. Die Grundregel »Wer bohrt, gewinnt« zeigt, das Sozialthemen hier kaum eine Rolle spielen. Mit Diskussionen über Abtreibung, Schwulenrechte oder Krankenversicherung kann man in Alaska jedenfalls keine Wahl gewinnen. Selbst überzeugte Linke, die auf lokaler Ebene durchaus mitreden, gestehen, dass es eigentlich nur um Öl und die Wirtschaft geht. Wer das erkennt und beherzigt, hat hier das Zeug für eine erfolgreiche Politkarriere. Ohnehin scheint es vielfach so, als ob jeder, der sich freiwillig zur Wahl stellt, den Job auch bekommt. Kaum einer ist wirklich Berufspolitiker, womöglich weil den alaskanischen Freigeistern organisierte Bürokratie suspekt ist. Viele Gemeinden bleiben sowieso *unorganized*, wegen der geringen Einwohnerzahlen und der Abgeschiedenheit also keinem Landkreis zugeordnet.

Alaska ist konservativ, aber gleichzeitig auch liberal, weil sich niemand hier von einer Regierung vorschreiben lassen möchte, was zu tun ist. Die persönliche Freiheit steht an oberster Stelle, und manchmal werden skrupellos Allianzen geschlossen, um die zu bewahren. Ultraliberale Grüne, grenzwertige Kommunisten, *hardcore* Konstitutionalisten und erzkonservative *rednecks* ziehen dann an einem Strang in die gleiche Richtung. Gelegentlich wird sogar behauptet, der Permanent Fund und die jährliche Ausschüttung der Dividende an die Bürger diene nur dazu, von der Misswirtschaft der Regierung abzulenken. Sie sei wie das von Marx geprägte »Opium fürs Volk« ein Freibrief, Projekte zu vermurksen oder Vorhaben in den Sand zu setzen. Vermutlich wäre die Kritik am versemmelten Berliner Flughafen tatsächlich leiser ausgefallen, hätte die Regierung im Vorfeld regelmäßig Schecks für die Bürger ausgestellt, als Dank für die überstrapazierte Geduld.

Aber nicht jeder ist käuflich, und Stimmen, die weiterhin Alaskas Unabhängigkeit vom Rest der USA und vor allem der Bundesregierung in Washington fordern, werden zwar leiser, verstummen aber nicht vollends. Allen voran lange Zeit die von Joe Vogler, dem Gründer der *Alaska Independence Party.* In den 1970er-Jahren sammelte er Tausende von Stimmen, um das Referendum, das schließlich zur Aufnahme in die Union geführt hatte, wieder infrage zu stellen. Nach der Gründung seiner Partei trat Vogler auch wiederholt, aber erfolglos zur Gouverneurswahl an, mit dem Urziel einer autarken Nation Alaska. Unter bis heute mysteriösen Umständen verschwand Vogler im Mai 1993 spurlos, wenige Wochen vor einem Auftritt bei den Vereinten Nationen, wo er zu Alaskas Unabhängigkeit referieren sollte. Die Gerüchteküche mit ihren Verschwörungstherorien begann zu brodeln, auch noch nachdem sein Mörder gefasst und wegen Raubmordes zu einer lebenslangen Haftstrafe verurteilt worden war. Im Oktober 1994 fand man dann die sterblichen Überreste, standesgemäß eingewickelt in blaue Bauplane und *duck tape.* Die heutige Parteivorsitzende der AIP Lynette Clark sprach anschließend von einer Exekution. Schon zu Lebzeiten wurde Joe Vogler mit den Worten zitiert: »I'm an Alaskan, not an American. I've got no use for America or her damned institutions.« Ich bin Alaskaner, nicht Amerikaner, mit Amerika und seinen Institutionen kann ich nichts anfangen. Und noch krasser, die Höllenfeuer seien Gletscher im Vergleich zum Hass, den er für die amerikanische Regierung hege. Unter deren Flagge wolle er nicht begraben sein, sondern in Dawson City, Kanada. Und erst wenn Alaska ein unabhängiger Staat sei, dürfe man seine Gebeine zurückbringen. Dagegen klingen die vereinzelten Separatistenwünsche im bayerischen Freistaat wie präpubertäres Gequengel. Nun, Voglers letzter Wunsch wurde ihm erfüllt, zumindest der erste Teil. Er ruht gemeinsam mit seiner Frau auf dem Friedhof von Dawson.

Joe Voglers Ambitionen klingen extrem, aber unbändiger Freigeist prägt Alaskas Geschichte und erklärt vielleicht auch die krasse Aversion gegen jegliche staatliche Kontrolle. Die größte Angst scheinen viele Alaskaner deshalb zum Beispiel vor einer gesetzlichen Krankenversicherungspflicht zu haben, für sie klarer Indikator einer sozialistischen Gesellschaftsform, dem unheilbringenden Vorboten des Kommunismus. Hin und wieder wurde mir nach einer solchen Diskussion, in der ich vergeblich versuchte, die Nähe unserer sozialen Marktwirtschaft in Deutschland zum amerikanisch geprägten Kapitalismus zu erläutern, klar, dass in Alaska jeder seines eigenen Glückes Schmied bleiben möchte. Und wenn die Regierung hier durch Regulierungen oder Bestimmungen dann doch mal die freie persönliche Entfaltung bedrängte, scheute man sich nicht, umgehend vom wildwestlichen Faustrecht Gebrauch zu machen.

Nach Fertigstellung der Alaska Railroad versuchte beispielsweise die *Alaska Road Commission*, die Nutzung der Eisenbahn attraktiver zu machen, und erhöhte 1935 kurzerhand die Gebühren für die bis zu diesem Zeitpunkt häufig genutzte Fährverbindung über den Tanana

River bei Delta Junction. Die Trucker rebellierten in bester Piratenmanier und rissen daraufhin den Fährbetrieb für mehrere Jahre selbst an sich. Auf noch lautere Kritik stieß das von der Regierung in Washington zunächst befürwortete *Project Chariot*, das ab 1958 in Alaska für Unruhe sorgte. Damals war die amerikanische Atomenergiebehörde auf der Suche nach zivilen Einsatzmöglichkeiten nuklearer Sprengköpfe. In Edward Teller, dem Vater der Wasserstoffbombe, fand sie einen zwar umstrittenen, aber auch kühnen Wissenschaftler, der schließlich die Idee eines künstlichen Seehafens an Alaskas Westküste ins Gespräch brachte. Den könnte man einfach mit ein paar thermonuklearen Sprengkörpern ins Beringmeer ballern und später bestimmt auch noch eine tolle Verwendung dafür finden. Ein Areal bei Point Hope war schnell auserkoren, die Promotion Tour von Teller dort aber wollte nicht so recht zünden. Sosehr sich die Atomvisionäre auch anstrengten, sie schafften es irgendwie nicht, die Inupiat-Eskimos davon zu überzeugen, dass die Strahlungsbelastung nach der Sprengung völlig zu verlachlässigen sei. Und ein potenzieller Kunde für den Hafen konnte auch nicht begeistert werden. Stattdessen schlossen sich seriöse Wissenschaftler und Ureinwohner zusammen und veranlassten Präsident Kennedy 1961 schließlich dazu, das Projekt endgültig auf Eis zu legen. Zumal das den angedachten Hafen ja ohnehin für die meiste Zeit des Jahres unpassierbar gemacht hätte.

Sport? Zwei Kufen, sechzehn Hunde, und ab die Post!

Gespenstisch, fast bedrohlich schimmert das Blau aus den Spalten unter dem Schlitten. Die beiden letzten Hunde im Gespann baumeln, an der Leine hängend, über dem todbringenden Abgrund und kratzen mit ihren Pfoten hektisch am Eis. Keine Chance.

»Let's go!« Jetzt explodieren die Leithunde, mit einem Ruck sind die Kameraden im letzten Glied aus ihrer misslichen Lage befreit, und der Schlitten setzt sich wieder in Bewegung. Der Moment der Panik ist vergessen, unverdrossen zieht das Gespann weiter über den sulzigen Schnee des Gletschers. Und ich staune verdutzt und ziemlich beeindruckt über das bedingslose Vertrauen, das die Hunde zu ihrem *musher* haben müssen.

Das hier ist sein Reich. Hier, bei seinen Hunden, fühlt sich Sebastian Schnülle am wohlsten. Der Deutsche mit Struwwelmähne und Zausebart ist ein Held in Alaska, wo es nur einen Sport gibt, der wirklich zählt – *dog mushing*, Hundeschlittenrennen. Sab, wie ihn seine Fans nennen, hat sich mit seinen Erfolgen einen Legendenstatus geschaffen, der auch nach seinem Rückzug aus dem aktiven Sport Bestand hat. 2009 war sein bestes Jahr. Beim *Iditarod* wurde er *runner up*, Zweiter, und kurz vorher hatte er das *Yukon Quest*, das für viele noch härtere Rennen zwischen Whitehorse und Fairbanks, gewonnen. Zwei Jahre später beendete er seine Karriere erst mal und konzentriert sich seitdem noch mehr auf das Geschäft mit den Kreuzfahrttouristen.

Auf dem Herbert Glacier bei Juneau leitet er ein Camp, das im Sommer Hundeschlittentouren für Gäste anbietet, die mit dem Helikopter ins Gletschereis geflogen werden. Von Mai bis August lebt Sebastian mit einer Handvoll angeheuerter *musher* und gut sechzig Hunden hier oben in einfachen Expeditionszelten. Wenn das Wetter mitspielt, sind vier Gespanne rund um die Uhr im Einsatz und ziehen die Besucher jeweils knapp eine Stunde durch den angelegten Rundkurs. Wird die Sicht aber zu schlecht und die Helikopter können nicht fliegen, sitzen die *musher* manchmal tagelang fest. Zu tun gibt es auch dann genug. Gletscherspalten auf dem Trail zuschütten oder mit Holzplatten überbrücken, Zelte verschieben, weil der Untergrund angetaut ist und sie in eine Schieflage gebracht hat, Hundehütten ausrichten, Schnee schmelzen als Trinkwasser für die Huskies, füttern und immer wieder Kacke schaufeln. Nicht nur, um das Camp sauber zu halten und den Touristen einen makellosen Eindruck zu vermitteln. Die Umweltauflagen auf dem Gletscher sind umfassend und werden von Rangern streng kontrolliert. Der Betrieb hier oben darf keine Spuren im ewigen Eis hinterlassen. Müll und Exkremente von Mensch und Tier werden deshalb in Containern gesammelt und regelmäßig ausgeflogen. Selbst farbige Zelte sind verboten, weil sie sich in der Sonne stärker aufheizen und Schnee und Eis schneller zum Schmelzen bringen würden. Der Aufwand für Sebastian ist hoch und kostspielig, auch wenn er einen langfristigen Vertrag mit der Helikopterfirma ausgehandelt hat. Spielt das Wetter mit und die Saison läuft gut, bleibt am Ende für alle aber ein ordentlicher Batzen Geld übrig. Da nimmt man auch die nur einmal pro Woche verfügbare Dusche im Tal und einen gelegentlichen Lagerkoller in Kauf. Sebastian sorgt ohnehin dafür, dass zumindest kulinarisch keine Wünsche offen bleiben. Er verwöhnt seine *musher* hin und wieder mit Hummerschwänzen satt, und die Süßigkeitenkiste ist stets prall mit Schokoriegeln gefüllt.

Es ist Mitte August, als ich Sebastian zurück auf den Gletscher begleite. Normalerweise würde er um diese Zeit längst den Abbau des Camps vorbereiten. Aber in diesem Jahr weist die Schneedecke selbst jetzt im Spätsommer noch ein ordentliches Polster auf, sodass er sich erstmals entschlossen hat, die Saison um einen Monat zu verlängern. Wir kennen uns seit einer kurzen Stippvisite nach dem Schreiben meines Yukon-Buches am Marsh Lake im Yukon Territory. Ich besuchte ihn auf seinem Land bei Whitehorse, das er schon bald nach seiner

Auswanderung in den Neunzigern gekauft hatte. Heute pendelt er zwischen Kanada und Alaska, wo er mittlerweile durch die Gletschertouren ein sicheres Einkommen hat. Wir nehmen den ersten Helikopter an diesem Morgen zusammen mit einer vierköpfigen Familie, die den frühen Trip gebucht hat. Nach einer Viertelstunde Flug aus Juneau über die Eisfelder zeichnen sich unter uns in Reih und Glied die Hundehütten des Camps ab. Kaum setzen die Helikufen auf den Schnee, öffnet einer von Sebastians Mitarbeitern die Tür und geleitet uns hastig weg von den gefährlich wirbelnden Rotorblättern. Innerhalb von wenigen Momenten sind Gepäck und ein paar Lebensmittel aus den Staufächern geräumt, und der Pilot kann zurück ins Tal, um schon die nächsten Gäste abzuholen.

Sebastian steigt unterdessen in einen kleinen, aus einer Rolle Maschendraht improvisierten Zwinger, in dem er überschwänglich von seinen flauschigen *puppies* begrüßt wird. Die jungen Welpen wurden erst vor ein paar Wochen hier auf dem Gletscher geboren und machen sich prächtig. Bis sie selbst einen Schlitten ziehen, dauert es noch mindestens ein Jahr, aber mit dem Training beginnt Sebastian bereits jetzt. Zweimal am Tag steigt er auf den Motorschlitten und saust vor ihnen über die Flanken des Gletschers, verteilt kleine Leckerli und schafft es so spielerisch, die trippelnde Horde an sich und ans Nachfolgen zu gewöhnen. In den nächsten vier Tagen darf auch ich einen kleinen Einblick in den Schlittenhundealltag gewinnen, der weit mehr mit dem eines landwirtschaftlichen Viehzüchters gemein hat als mit dem eines draufgängerischen Abenteurers. Alles dreht sich um Futter, Anschirren, Abschirren und Schaufeln. Zweimal stapfe ich in dieser Zeit mit Eimer und Schippe bewaffnet durch den meilenlangen Rundkurs und beseitige die dunkelbraunen Spuren der Gespanne im sulzigen Schnee. Das milde Wetter, die einzigartige Szenerie mit wuchtigen Eisfällen zwischen den schroffen Felswänden und Bergrücken und der bescheidene Komfort in den mit Feldbetten und Gasheizern ausgestatteten Zeltunterkünften entschädigen großzügig. Und die Hunde natürlich. Ihre spür- und hörbare Begeisterung vor dem nächsten Lauf, das Interagieren der verschiedenen Charaktere, mal dreist, mal schüchtern, und die ganz offensichtliche Freude, die sich explosionsartig entlädt, wenn der *musher* endlich den Schneeanker löst, verzücken nicht nur Hundefreunde auf unwiderstehliche Weise. Ein immer wieder aufs Neue faszinierendes Wechselspiel zwischen Mensch und Tier, Coach und Athlet. Sebastians sechsköpfiges *musher*-Team besteht zu einem guten Teil aus ehemaligen oder künftigen *Iditarod*- und *Yukon-Quest*-Teilnehmern, die ihre Rennen durch den Sommerjob mitfinanzieren.

Hundeschlitten-Fans auf der ganzen Welt bekommen glasige Augen, wenn man die beiden Namen auch nur in den Mund nimmt. Sie sind die längsten und härtesten Wettkämpfe in diesem Sport, die Champions League, beide über tausend Meilen lang. Das *Quest* im Februar erinnert seit 1984 an die Bedeutung vor allem des Flusses und der Hundeschlittenteams bei der Erschließung des Nordens. Auch im Winter war der Yukon River die

Lebensader und Hauptstraße durch die Wildnis zu den Siedlungen. *Musher* transportierten Post und Güter über das zugefrorene Flusseis und standen in ihrem Wagemut den heroischen Pony-Express-Reitern des Wilden Westens in nichts nach. Das *Iditarod* in der heutigen Form entstand 1973 und führt seitdem jedes Jahr Anfang März von Anchorage nach Nome an die Beringsee. Es nutzt ein historisches Trailsystem, das sich Anfang des 20. Jahrhunderts etablierte und unter anderem die damals florierende Goldgräberstadt Iditarod mit anderen Siedlungen verband. Besondere Bedeutung erfuhr der Trail während einer Diphtherie-Epidemie 1925 in Nome, als man sich entschloss, das lebensrettende Serum mit einer Hundeschlittenstaffel mehr als tausend Kilometer durch den arktischen Winter zu transportieren. Nach nur fünf Tagen trafen die Medikamente in Nome ein, gerade noch rechtzeitig, um Schlimmeres zu verhindern. Die Musher und Leithunde wurden als Helden gefeiert und letztere manchmal auf makabre Weise zur Schau gestellt. So endete Balto, der Leithund des letzten Schlittens, nach seinem Tod ausgestopft in einer Museumsvitrine in Cleveland, Ohio.

Das *Iditarod* ist heute zweifelsohne Alaskas größtes Sportspektakel. Zehntausende säumen die Straßen von Anchorage, in die man zum zeremoniellen Start fleißig Schnee geschaufelt hat. Hier werden die Teilnehmer in einen extremen Wettkampf geschickt, der für die Teams mörderische Herausforderungen bereithält. »Der Schlafentzug ist das Schlimmste«, sagt Sebastian. »Es gibt die Faustregel ›Sechs Stunden fahren, sechs Stunden

Pause‹. Die passt auch, wenn du beim Rennen ankommen möchtest. Aber wenn du nach vorne fahren und gewinnen willst, geht das eher in Richtung acht Stunden fahren und nur vier Stunden Pause.«

Wobei in der Pause zumindest für die *musher* ja die eigentliche Arbeit erst beginnt. Hunde massieren, füttern, Pfoten einsalben und schützende *booties* drüberziehen, da bleibt kaum Gelegenheit, selbst zu verschnaufen. »Als ich Zweiter wurde, hab ich in den letzten fünf Tagen vielleicht insgesamt vier Stunden geschlafen. Und das zehrt dann schon ganz schön gewaltig.« Dazu Schneestürme und eisige Winde, die die Temperaturen gefühlt auf unter minus sechzig Grad drücken können. Mitten in der arktischen Einsamkeit, weitab vom nächsten Checkpunkt, wird das Rennen dann nicht nur brutal anstrengend, sondern unter Umständen auch gefährlich, trotz heutiger GPS-Ortung und leistungsstarker Schneemobile für den Notfalleinsatz. Umso wichtiger, dass Hunde und *musher* wirklich ein eingespieltes Team sind, so wie bei Sebastian.

»Ich weiß auch nicht, mir liegen Hunde. Ich bin ein sehr störrischer Mensch und ein Gewohnheitstier. Was ich einmal mache, mache ich eigentlich immer. Wenn ich essen gehe, dann meist ins gleiche Restaurant, gleicher Tisch, gleiches Essen. Das ist in meinem ganzen Leben so. Ich stehe immer zur gleichen Zeit auf, ich mache immer alles in der gleichen Reihenfolge. Und so ein Hund ist auch ein Gewohnheitstier. Das heißt, die lernen mich relativ schnell lesen. Ich sie aber andersrum genauso.« Dieses Gespür für die Tiere vergleichen

Fans mit dem eines Pferdeflüsterers, der auf einfühlsame Art mit Kommunikation zum Ziel kommt. Im Hundeschlittensport hat sich der Umgangston ohnehin gewandelt. Wurden die Tiere früher wie selbstverständlich mit körperlicher Gewalt gezüchtigt, bildet heute meist eine partnerschaftliche Beziehung die Grundlage für erfolgreichen Rennsport. Auch deshalb nimmt Sebastian seine Hunde jeden Abend mit ins Zelt. »Ich verbringe halt gerne Zeit mit ihnen und trainiere sie sozusagen im Schlaf. Andere müssen sich dazu erst überwinden und sagen, ah, nee, die sind ja nass, und die ganzen Hundehaare – das ist mir egal. Ich habe sie einfach gerne um mich. Und ich glaube, dadurch verbringe ich mehr Zeit mit meinen Hunden als andere.« Die sind übrigens keine reinrassigen sibirischen Huskies oder stämmige Malamuten, sondern die inzwischen viel gängigeren *alaskan huskies*, bunte, leichtfüßige, äußerst zähe Mischlinge.

Ursprünglich war Sebastian gar kein Hundenarr. Geboren in Wuppertal, aufgewachsen in Ostfriesland, schlug er zunächst eine Laufbahn als Industriemechaniker bei Mercedes ein, studierte Umwelttechnik und kam so für ein Praxissemester 1995 zum ersten Mal nach Kanada. »Ich hab damals für einen Nationalpark gearbeitet, und kurz bevor ich zurück nach Deutschland musste, schlug ein Arbeitskollege vor: Komm doch mal mit, Hundeschlitten fahren. Da hab ich gesagt, Hundeschlitten sind doof, haste nicht ’nen Ski-Doo? Mechaniker halt …« Trotzdem ist er mit, und diese erste Erfahrung sorgte schließlich für den Wendepunkt in seinem Leben. »Von der ersten Sekunde an dachte ich, boah, ist das geil! Und dann hab ich im darauffolgenden Winter gleich eine Hundeschlittentour gebucht, von der ich mehr oder weniger nie wieder zurückgekommen bin.«

Sebastian zog nach Whitehorse, wo er begann, Schlittenhunde zu züchten und Trips für Touristen anzubieten. Erste Rennen folgten, mit zunächst bitteren Niederlagen und wertvollen Erkenntnissen, die ihn Jahre später zum Champion werden ließen. Dabei war der Triumph zwar eine auch finanzielle Genugtuung, mit der der teure Sport für kurze Zeit erschwinglicher wurde. Aber das Rampenlicht, in dem er als Sieger stand, geht Sebastian nach seinem Ausstieg 2011 nicht ab. »Die schönsten Momente sind eigentlich, wenn du mit den Hunden trainierst und eine Art blindes Vertrauen entsteht, das du auf dem Trail spürst. Dass der Hund das ja nur für mich macht und auch nur, weil ich ihn so gut kenne. Wir sind wie ein altes Ehepaar, das jede Bewegung des anderen kennt, jedes Schnaufen. Das sind die wirklich schönen Momente daran.« Heute genießt er die Rennen als Kommentator oder hilft als Trailbreaker auf dem Motorschlitten aus. Die Leidenschaft für die Hunde und das Land sind geblieben. »Das Land ist für mich der eigentliche Grund, warum ich nach wie vor Hundeschlitten fahre und früher die Rennen gefahren bin. Es gibt für mich keine schönere Art und Weise, das Land wirklich zu sehen. Weil man langsam genug unterwegs ist, um es intensiv zu erleben. Ich sehe jeden Sonnenaufgang, ich sehe jeden Sonnenuntergang, schlafe immer draußen. Das ist eben genau der Reiz, den es für mich ausmacht. Im Land und mit dem Land zu leben.«

Wobei es Sebastian zunehmend auch aufs Wasser zieht, sein anderes Element. Seit einiger Zeit besitzt er einen Motorsegler, mit dem er die Inside Passage erkundet, wann immer Gelegenheit dazu ist. »South East Alaska, also hier, den Südostteil, den Panhandle, habe ich erst kennen- und lieben lernen müssen. Aber ich bin ja an der Nordsee aufgewachsen, und hier kann ich nun wieder segeln. Perfekt. Tagsüber auf dem Gletscher Hundeschlitten fahren, und abends setze ich mich in den letzten Helikopter, fliege nach unten, steige aufs Boot und segel noch ’ne Runde. Das ist mein Alaska geworden. Ich muss jetzt nur noch die Hunde ans Boot gewöhnen.«

Neben dem offiziellen Staatssport *dog mushing*, den natürlich nicht alle Alaskaner betreiben, tummeln sich die Einwohner in ihrer Freizeit ausgiebig auf den Flüssen, Seen und in den Meeresbuchten. Sie fischen, paddeln und surfen oder planschen mit *Duck-tape*-Booten durch Fairbanks. Kein Scherz. Inspiriert von der kanadischen, auch im alaskanischen Fernsehen ausgestrahlten Sitcom »The Red Green Show« findet jedes Jahr im Sommer eine feuchtfröhliche Regatta auf dem Chena River statt. Einzige Auflage: Die Gefährte müssen selbst gebaut und dabei muss mindestens eine Rolle *duck tape* verarbeitet worden sein. Denn der Protagonist der Show promotete als Heimwerker unentwegt die Vorzüge des Klebebandes, die wir ja ebenfalls schon ausführlich gewürdigt haben. Spaß geht vor Leistung, wie auch beim *Tired Iron*, einem familientauglichen Gaudirennen mit Schneemobil-Oldtimern. In der Kategorie *Jurassic Classic* starten laut Ausschreibung »Teilnehmer, die noch im Besitz ihrer Fähigkeiten sind, aber nicht mehr zwangsläufig auch ihrer Originalzähne, -hüften und -knie«. Die Fahrer bräuchten sich außerdem keine Sorgen machen, für sie würden die fünf Runden gezählt und notfalls gewunken, wenn sie vergessen hätten, dass sie schon fertig sind. Außerdem gäbe es auf der Strecke keine Klohäuschen, was die acht Meilen auf dem Rundkurs für Inkontinente und Prostata-Geplagte zur echten Herausforderung werden lassen könnte.

Leistungsorientierter starten die Teilnehmer beim *Iron Dog*, dem spektakulärsten Langstreckenrennen für Schneemobile. 2000 Meilen von Big Lake, nördlich von Anchorage, über Nome, überwiegend auf dem Trail, den drei Wochen später auch die *musher* beim *Iditarod* nehmen, weiter nach Fairbanks, wo das Rennen offiziell endet. Viermal konnte sich übrigens bislang Sarah Palins Ehemann Todd unter den Gewinnern einreihen. Nome mausert sich mit einem weiteren Event zum Zentrum des Wintersports in Alaska. Jedes Jahr im März findet hier nämlich das *Bering Sea Ice Classic*-Golfturnier statt. Sie haben richtig gelesen. Immer am dritten Märzsamstag treffen sich die Spieler auf der zugefrorenen Beringsee und versuchen ihre grell orangenen Bälle in den sechs Löchern des 41 Par-Kurses zu versenken. Nach der Hälfte schreiben die Regeln einen Pflichtstopp an der eigens eingerichteten Polarbar vor, um sich von innen aufzuwärmen. Die Einnahmen dieser typisch alaskanisch-abstrusen Benefizveranstaltung gehen dann an den örtlichen Lions Club. Bevor wir uns abschließend noch an einem besonders außergewöhnlichen Beispiel für Alaskas Sportbegeisterung erfreuen, sei noch erwähnt, dass die Bevölkerung hier tatsächlich am liebsten draußen aktiv ist. Sommers wie im Winter. Mit dem Kajak, dem Mountainbike oder zu Fuß beim Wandern und Bergsteigen.

Der erste Mann auf dem Denali war standesgemäß ein Alaskaner. Am 7. Juni 1913 stand Walter Harper, ein Athabaske und Mitglied der von Hudson Stuck und Harry Karstens geleiteten Expedition, als erster Mensch auf dem Gipfel des höchsten amerikanischen Berges. International erfolgreich waren alaskanische Athleten aus naheliegenden Gründen in wintersportlichen Disziplinen. Egal ob nordisch oder alpin, gerade der Süden bietet fast ganzjährig außerordentliche Trainingsbedingungen. Die haben Hillary Lindh und Tommy Moe später als Abfahrtsweltmeister in den 1990er-Jahren zu Goldmedaillen gemünzt. Tommy ist zwar, anders als Hillary, die in Juneau zur Welt kam, kein gebürtiger Alaskaner. Er stammt ursprünglich aus Montana, zog aber später hierher, besuchte die Glacier Creek Ski Academy in Girdwood und trainierte dort in Alaskas beliebtestem Skigebiet Alyeska.

Zwei Autostunden weiter südlich in Seward auf der Kenai Peninsula findet seit 1908 eines der ältesten Laufrennen statt, das abermals zeigt, wie kurz die Wege zur sportlichen Betätigung in Alaska sein können. Die Teilnehmer starten jedes Jahr am 4. Juli, dem amerikanischen Unabhängigkeitstag, in der Innenstadt auf quasi Meereshöhe und spurten zum Gipfel des nur zweieinhalb Kilometer entfernten, aber fast tausend Meter hohen Mount Marathon. Brutal wird das Spektakel nicht nur durch den fiesen Anstieg, für den die meisten weit mehr als eine halbe Stunde brauchen. Der steile Rückweg wird für viele zum rasanten Sprint, der nicht selten mit Stürzen und blutigen Wunden endet. Noch spektakulärer und vor allem lauter ist der *Arctic Man*, der seit 1985 so was wie die inoffzielle alaskanische *Spring break*-Version ist. Nur halt ohne die an Floridas Stränden obligatorischen Wet-T-Shirt-Contests und tropischen Temperaturen. Im Mittelpunkt steht zwar ein krasses Skirennen über zwei Gipfel irgendwo in der alaskanischen Pampa, das der Athlet nur deshalb schaffen kann, weil er nach der ersten Abfahrt von einem Schneemobil im Affenzahn rauf auf den zweiten Berg gezogen wird. Viel wichtiger als der Sport scheint den regelmäßig mehr als 10 000 Besuchern aber die Party zu sein, die sich mit Vorbereitungen und Trainingsläufen über eine Woche im April erstreckt. *Go fast or go home*, lautet denn auch das passende Motto, sei schnell, oder geh nach Hause.

Nun aber zu der schon angekündigten Sportgeschichte, die für den unbändigen Willen der Alaskaner zum Träumen und sich gegen alle Widrigkeiten durchzusetzen steht wie keine zweite. Vermutlich wartet sie schon in den Schubladen der Hollywoodproduzenten auf eine heldenhafte Disney-Verfilmung.

Ihnen wird aufgefallen sein, das wir beim Thema Sport in Alaska bislang gar nicht auf die großen Drei eingegangen sind. Football, Baseball, Basketball. Natürlich werden die auch hier gespielt, wie sich das für einen Mitgliedsstaat der amerikanischen Union gehört. Aber eben meist abseits des Rampenlichts, in unbedeutenden Ligen oder an den Schulen. Immerhin freuen sich die Fans über das seit 1906 jährlich in Fairbanks stattfindende *Midnight Sun Baseball Game* am 21. Juni, das zwar mitten in der Nacht, aber wegen der Mitternachtssonne sogar ohne Flutlicht ausgetragen werden kann. Und natürlich hat Alaska über die Jahrzehnte auch einige professionell erfolgreiche Footballer, Baseballer, Basketballer und Eishockeyspieler hervorgebracht. Aber in herausragender Erinnerung an den Ballsport in Alaska bleibt vielen das *Field of Dreams* in Barrow. Vielleicht haben Sie den gleichnamigen Film mit Kevin Costner in der Hauptrolle gesehen. Er spielt einen Farmer, der auf seinem Land in Iowa ein Baseball-Spielfeld baut, einer mysteriösen Eingebung folgend. Die meisten erklären ihn daraufhin für komplett verrückt, zumal er den Maisacker extra umpflügt, unmittelbar vor der Ernte, und damit der finanzielle Ruin droht. Kurz darauf aber beginnen verstorbene Baseballlegenden aus längst vergangenen Tagen zu erscheinen und spielen schließlich zusammen ein sagenhaftes All Star Game. Klingt in der Kürze womöglich ein bisschen wirr, zählt aber zu den ganz großen amerikanischen Sportfilmen.

In Barrow, Alaskas nördlichster Stadt, ist das »Field of Dreams« ein Spielfeld für das örtliche Highschool Football Team. Das musste nämlich zunächst auf einem rauen Schotterplatz gleich neben dem Arktischen Ozean trainieren. Kaum einer gab dem ambitionierten Plan, den

Jugendlichen hier durch Sport eine Perspektive zu Drogen und Gewalt zu bieten, anfangs eine Chance. Eine Befragung der Schüler aber zeigte, dass viele in ihrer Freizeit gerne Football spielen würden. Kurzerhand ergriff der Schulleiter die Initiative, schickte eine Rundmail an alle Lehrer mit der Frage, wer Football-Erfahrung besäße und vielleicht sogar als Coach fungieren wolle. Die Stadt räumte einen Platz, den der Bauhof normalerweise zum Trocknen und Lagern von Straßensplitt nutzte, Handwerker schweißten aus Leitungsrohren zwei Tore, und mit einer Mischung aus Farbe und Mehl wurden die Spielfeldmarkierungen angelegt. Dem neu zusammengewürfelten Team um Coach Mark Voss, der in der Mittelstufe normalerweise Computerunterricht gab, blieben nur drei Wochen Vorbereitungszeit bis zum ersten Kick Off. Wenig überraschend folgte für seine Spieler, die vielfach vorher noch nie einen Football in den Händen gehalten, geschweige denn geworfen oder gar gefangen hatten, eine desaströse 0:34-Pleite gegen das Team aus Delta Junction.

Aber die »Barrow Whalers« blieben am Ball, trotzten logistischen Herausforderungen – alle Gegner mussten eingeflogen werden, Auswärtsspiele waren ebenfalls nur durch teure Flugreisen erreichbar – und gelegentlichen Besuchen von Eisbären, vor denen sich die Spieler in einen Schulbus retteten. Selbst dass Möwen die Spielfeldbegrenzungen aus Mehl regelmäßig aufpickten, verhinderte nicht den ersten Sieg noch in derselben Saison. Gefundenes Fressen auch für den amerikanischen Sportsender ESPN, der über das erste Footballteam am Arktischen Ozean berichtete und damit den zweiten Teil der märchenhaften Geschichte einläutete. Denn im 5000 Meilen weit entfernten Florida inspirierte der Beitrag die 42-jährige Football-Mom Cathy Parker zu einer pragmatischen Spendenaktion, die innerhalb weniger Monate mehr als 650 000 Dollar einbrachte. Genug für ein nagelneues künstliches Spielfeld in den Teamfarben Blau-Gelb, das in Windeseile und gerade noch rechtzeitig zum Start der neuen Saison am 17. August 2007 auf den Permafrost in Barrow montiert wurde. Unter großem Medieninteresse aller wichtigen landesweiten Fernsehsender verfolgten drei Viertel der Einwohner, ganz Alaska und der Rest der Nation, wie die Whalers das Eröffnungsspiel auf dem bunten Kunstrasen nach Rückstand buchstäblich in letzter Sekunde noch drehten und die Gastmannschaft aus Seward mit 18:16 besiegten. Gefeiert wurde standesgemäß mit einem Bad im eisigen Ozean gleich nebenan.

Cathy Parker sammelt unterdessen weiter Spenden für ihr »Project Alaska Turf«, denn sie ist – typisch amerikanisch – davon überzeugt, »You can change lives using athletics as a tool.« Man kann Leben verändern durch den Sport. Und ganz im alaskanisch-wagemutigen Sinne, »Ordinary people can accomplish great things.« Auch ganz normale Menschen können Großartiges erreichen.

Die Inuit in Alaska heißen Eskimos!

Alaska ist Indianerland. Und das der Eskimos und Aleuten. In keinem anderen Bundesstaat leben prozentual mehr Ureinwohner. Nach Schätzung des US Census Bureau sind es zurzeit etwa fünfzehn Prozent (zehnmal so viele wie auf Landesebene), also rund 100 000 *Alaska Natives*, wie es heute im schwurbeligen Bestreben nach politischer Korrektheit heißt. Auch wenn die meisten Menschen glauben, Alaska sei primär die Heimat der Eskimos und Inuit die einzig angemessene, würdevolle Bezeichnung für sie. Fettiger könnte das Näpfchen nicht ausfallen, in das sie damit treten. Denn Eskimos sind keine Inuit und Inuit keine Eskimos! Vielmehr handelt es sich um zwar miteinander verwandte, aber doch unterschiedliche Völker, die jeweils eine eigene Sprache besitzen und in verschiedenen Regionen siedeln. Die Inuit meist im nördlichen Kanada, die Eskimos im Norden und Westen Alaskas. Sie teilen sich in Inupiat, Yup'ik und Cup'ik. Aleuten oder Unangan und Alutiiq oder Sugpiat leben im äußersten Südwesten und Süden, die Athabasken-Indianer im Hinterland an den großen Flüssen Alaskas. Und die Tlingit, Haida, Tsimshian und Eyak besiedeln als Küstenindianer traditionell den Südosten.

Die Ureinwohner hier nutzen zwar meist die konkretere Bezeichnung ihrer Stammeszugehörigkeit, empfinden aber die Begriffe Eskimo und Indianer nicht annähernd so herabwürdigend oder verunglimpfend wie viele stets um *political correctness* bemühte Weiße. Mitunter verwenden sie sie alaskanisch pragmatisch und selbstbewusst für sich selbst oder entsprechende Organisationen und Einrichtungen. Bei einer Präsentation im Alaska Native Heritage Center, einem sehr anschaulichen Museum zur Kultur der Ureinwohner in Anchorage, scherzte eine Eskimo, das Wort bedeute übersetzt nichts anderes als »Rohfleischesser«, und so dürfe sich folglich jeder Sushi-Fan zugehörig fühlen. Viele schreiben die Herkunft einer entsprechenden Bezeichnung aus dem Vokabular der Cree-Indianer zu, die, durch französische Siedler oder Missionare schließlich mit der Pluralendung »-eaux« (ähnlich wie auch bei der Entstehung des Namens Sioux) versehen, zum Anglizismus »Eskimo« führte. Als vermutlich zutreffender gilt inzwischen die Herleitung aus einem anderen Wort der gleichen Sprachfamilie, das so viel wie »Schneeschuhflechter« heißt. Nimmt man es genau, darf man weder Eskimo unter Inuit zusammenfassen noch umgekehrt.

Denn beide Vokabeln existieren in der jeweils anderen Sprache gar nicht.

Genug der Theorie und Erbsenzählerei, im Alltag verbindet die Völker mehr, als Begrifflichkeiten sie trennen. Und so treffen sie sich alle einmal im Jahr in Fairbanks, um ihre Kulturen bei den *World Eskimo-Indian Olympics* zu feiern. Die sportlichen Wettkämpfe sind so divers und exotisch wie die Traditionen. Beim *Knuckle Hop* hüpfen die Teilnehmer in Liegestützposition auf den Handknöcheln über den Hallenboden im Carlson Center; wer's am weitesten schafft, gewinnt. Ähnlich martialisch mutet der *Drop the Bomb*-Wettbewerb an. Die Athleten werden an Füßen und Handgelenken getragen und müssen dabei ihre Körperspannung so lange wie möglich halten, ohne durchzuhängen oder ganz einzubrechen. Beim *High Kick* gilt es, aus dem Stand springend einen an einer Schur baumelnden Ball mit einem oder beiden Füßen zu berühren. Spektakulär auch der *Ear Pull*, bei dem die Kontrahenten wie beim Tauziehen gegenseitig versuchen, sich mit einer dünnen Schnur um die Ohren aus dem Gleichgewicht zu ziehen.

So archaisch die Wettbewerbe anmuten, so sehr sind sie mit den Kulturen verbunden. Tatsächlich werden die Disziplinen seit Generationen geübt, um sich in den langen Wintern für die Herausforderungen des Alltags vorzubereiten. Nicht immer geht es darum, Schmerztoleranz, Koordination oder Kraft zu messen. Beim *Fish Cutting* müssen Lachse filetiert, beim *Seal Skinning* Robben gehäutet werden. Anschließend werden Zeit und Qualität bewertet. Dazwischen liegen zahlreiche Showeinlagen von traditionellen Tanzgruppen und die Wahl zur Miss WEIO, die ihre Talente und Kulturverbundenheit zuvor einer kritischen Jury beweisen musste. Im Rahmenprogramm bieten viele Künstler ihre geschnitzten Masken, Biberfellhandschuhe oder Stickereien an. Und so werden die viertägigen Sommerspiele, die seit 1961 alljährlich stattfinden, zu einer stolzen Demonstration der Vielfalt und des Reichtums der Kulturen von Alaskas Ureinwohnern. In der Tat scheint es ihnen vielfach besser zu ergehen als den *Native Americans* der übrigen Bundesstaaten, die zu oft noch immer der Perspektivlosigkeit und Armut karger Reservate trotzen müssen.

Aufgewachsen mit der Bilderbuchromantik zwischen Karl May und »Der mit dem Wolf tanzt«, bei der die Schurken stets weiß und die Helden edle Rothäute waren, reiste ich Mitte der Neunziger zum ersten Mal ins Indianerland nach South Dakota. Diese ersten, viel zu kurzen zwei Wochen bei den Lakota Sioux schockierten und begeisterten mich. Von der Leinwandästhetik schien nur noch die Schönheit des Landes geblieben, während die Protagonisten ihren letzten, aussichtslosen Kampf gegen den endgültigen Verlust ihrer Kultur fochten. Die Bilder erinnerten mich an Reportagen aus der Dritten Welt, die ich inmitten der USA niemals erwartet hätte. Zwischen all der Traurigkeit des Reservatsalltags, der Arbeitslosigkeit, dem Alkoholismus und Müll aber sprossen schon damals zarte Pflänzchen der Hoffnung. Noch war der Stolz auf ihre Traditionen spürbar, nicht nur bei farbenfrohen *Pow Wows*, den schillernden Tanzfesten. In vielen Gesprächen offenbarten sich

Ansätze, die Kultur der Lakota zu bewahren. Sprachprogramme wurden entwickelt, Zeremonien wiederentdeckt, Gedenkritte für verstorbene Vorfahren organisiert, um die nachwachsenden Generationen für die Herausforderungen der Moderne zu wappnen. Fortschrittsfanatiker mögen darin anachronistischen, zum Scheitern verurteilten Aktionismus ausmachen. Die Kulturen der Ureinwohner aber hatten sich bis zur Ankunft der Europäer vielfach über Jahrtausende behaupten können. Dieses Wissen als Erbe der Menschheit nicht zu schätzen und zu nutzen wäre töricht. Der Weg der Erkenntnis aber verläuft steinig, und wann die Ureinwohner Amerikas tatsächlich die rechtmäßige Akzeptanz erhalten, mit auch wirtschaftlichen Konsequenzen, scheint nur schwer prognostizierbar. Da sind die *Alaska Natives* vielleicht schon ein Stück weiter.

Auch hier brachte das Öl die entscheidende Wende. Denn nach den enormen Funden im Arktischen Ozean forderten die Energiekonzerne zuerst ein Lösung der ungeklärten Landrechte, bevor sie milliardenschwere Investitionen für die Erschließung und den Bau der Transalaska Pipeline riskieren wollten, und sonst womöglich durch einen langwierigen Rechtsstreit mit klagenden Stämmen gebremst würden. Rasch wurde der *Alaska Native Claims Settlement Act* (ANCSA) ausgearbeitet und am 18. Dezember 1971 von Präsident Nixon unterzeichnet. Er sprach den Ureinwohnern rund 180 000 Quadratkilometer Landfläche und fast eine Milliarde Dollar Entschädigungszahlungen zu. Zeitgleich entstanden zwölf *Native Corporations*, die Land und Geld verwalten sollten. Selbstbestimmung statt Reservatsfrust. Was theoretisch wie ein progressiver und erfolgreicher Schritt aus der Abhängigkeit von Sozialhilfe und Zuwendungen des *Bureau of Indian Affairs*, der umstrittenen Bundesbehörde für Indianerangelegenheiten, klingt, kann aber nicht über Kulturverlust hinwegtäuschen. Auch wenn die *Alaska Natives* im Vergleich zu den anderen Völkern Amerikas erst relativ spät mit europäisch geprägten Gesellschaftsformen konfrontiert wurden, kämpfen auch sie heute um den Erhalt von Traditionen und ihrer zwanzig Sprachen, die wie überall in den USA jahrzehntelang gesetzlich verboten waren. Viele Kinder jener Zeit mussten in einer Internatsschule Englisch lernen. Diese *boarding schools* glichen manchmal regelrechten Züchtigungsanstalten und standen Jugendgefängnissen kaum nach. Man schnitt den »Wilden« ihre langen schwarzen Haare ab, steckte sie in Einheitskleider und verbot ihnen, die Stammessprache zu benutzen. Wer es doch tat, dessen Mund wurde mit Seife ausgewaschen, oder man prügelte so lange auf ihn ein, bis auch die letzten Reste seiner Kultur dem weißen Standard gewichen waren.

Was die grausame Assimilierungspolitik nicht schaffte, bewerkstelligte der Alkohol. Aus stolzen und autarken Jägern, die Jahrtausende in der rauen Arktis überlebt hatten, wurden desolate Trunkenbolde, die ihre Hoffnungslosigkeit in billigem Fusel ertränkten. Mit dramatischen Folgen für die Gesellschaft und die Familien. Bei meiner Yukon-Reise habe ich in Grayling, einer 200 Seelen-Gemeinde in Westalaska, mit einer weißen Lehrerin darüber gesprochen. Bre unterrichtete Sozialkunde, Sprache und Literatur in der Mittel- und Oberstufe, hatte also mit den Teenagern der Klassen sechs bis zwölf zu tun. Die Schüler verschiedener Jahrgänge wurden dabei zusammengefasst und abwechselnd unterrichtet, insgesamt betreute sie 23 der rund sechzig Kinder und Jugendlichen an der Schule. »Ich habe den Eindruck, dass die Kinder vor allem spüren wollen, dass sie patent sind, dass sie fähig sind, etwas zu erreichen. Vielleicht hat man ihnen in der Vergangenheit eingebläut, dass sie das nicht schaffen. Besser gar nicht erst versuchen, damit man nicht versagt. Aber das sind zähe, unglaublich belastbare Kinder, die viel aushalten müssen und deshalb stärker werden.«

Im Delta des Yukon lernte ich Dora Moore kennen, die die Stammesverwaltung in Emmonak leitete und einen weiteren Aspekt mit großem Frustpotenzial für die Ureinwohner anführte, den Spagat zwischen Fischereirechten und der Einhaltung der Schonzeiten. Knapp 800 Menschen leben in Emmonak, die Straßen sind staubig, die Hütten meist schäbig. Viele Familien hausen in Armut, vor allem im Winter, wenn die Fischfabrik geschlossen hat und es keine Jobs gibt. »Wir sind vom Fisch abhängig. Er ist unsere Nahrung und das Fischen essenzieller Teil unserer Lebensweise als Yup'ik. Wenn die Regierung dir das verbietet, nimmt sie einen Teil von dir. So, als ob ein Stück von dir stirbt!« Drastische Worte, die Dora auch mit Blick auf die weitverbreitete Problematik mit Alkohol und Drogen am Fluss anführte. »Es ist, als ob die Menschen trauern, aber nicht wüssten wie. Deshalb flüchten sie sich in den Rausch. Die Drogenhändler sind vielleicht kommerzielle Fischer, die nicht fischen dürfen. Aber sie müssen ihre Familien ernähren. Und obwohl sie wissen, dass es falsch und gesetzlich verboten ist, sehen sie keinen anderen Ausweg. Ich weiß, das klingt verrückt, aber genau das passiert hier.«

Aufklärung sei nötig, damit die Kinder und Jugendlichen begreifen, dass Bildung die einzige Chance ist. Vielleicht könnten sie nach einem Studium außerhalb des Dorfes zurückkommen und ihr Wissen einbringen, um auch die wirtschaftlichen Möglichkeiten vor Ort zu verbessern. Ein mühsamer, langer Weg, aber nicht aussichtslos. Das hat gerade die jüngere Geschichte immer mal wieder bewiesen. Allen voran der *Molly Hootch Case*. Molly war ein fünfzehnjähriges Eskimomädchen aus Emmonak, das im Sommer 1972 gerade die neunte Klasse abgeschlossen hatte. Ihre Schule lag allerdings nicht in ihrem Heimatdorf, sondern im gut 500 Luftmeilen entfernten Anchorage. Statt des Schulbusses wartete jedes Jahr am Ende der Sommerferien ein Flieger, in den sie zusammen mit den anderen Teenagern aus Emmonak steigen musste. Denn die Schule hier ging nur bis zur achten Klasse. Ihre Familie würde Molly erst neun Monate später, im nächsten Sommer, wiedersehen. Hänseleien und Heimweh bestimmten die Zeit in der Großstadt. Kein Wunder, dass viele Kinder die Schule vorzeitig und ohne Abschluss abbrachen. Auch die traditionellen Familienverbünde in den Dörfern wurden auf eine harte Probe gestellt, wenn man die Töchter und

Söhne für so lange Zeit immer wieder aus dem gesellschaftlichen Leben riss. Zeit zu handeln. Ein Anwalt aus Bethel nahm sich der Sache an und vertrat dreizehn betroffene Schüler aus Emmonak und fünfzehn weitere aus zwei anderen Siedlungen. Im Oktober 1972 reichte man die von Molly und den anderen unterschriebene Petition für eine eigene Highschool vor Ort ein. Der Rechtsstreit dauerte vier Jahre, 1976 aber wurde den 126 betroffenen Dörfern dieses Recht schließlich zugestanden. Davon hatte die inzwischen erwachsene Molly zwar nichts mehr, ihr Name aber ging in die alaskanische Rechtsgeschichte ein.

Einen weiteren historischen Sieg errangen die Bewohner von Barrow im Frühjahr 1961. Sie demonstrierten gegen ein Gesetz zum Schutz der Zugvögel, das kurzsichtige Bürokraten in Mexiko, Kanada und den USA schon 1916 vereinbart hatten. Es verbot die Jagd auf Zugvögel von März bis September, dem Zeitraum, in dem sie zum Brüten zurück an den Arktischen Ozean kamen. Und die einzige Gelegenheit für die Bewohner von Barrow, sie auch zu erwischen. Denn mit dem frühen Winter kehrten die Vögel dem Norden den Rücken und flogen in wärmere Gefilde. Enten und Gänse aber zählten für die Inupiat hier oben seit Generationen als wichtiger Teil zu ihrer Ernährung. Auch nach Erlass des Gesetzes jagten sie sie, zunächst ohne Konsequenzen. Das änderte sich erst, als Alaska 1959 dem amerikanischen Staatenverbund offiziell beitrat und folglich härter gegen Gesetzesübertretungen vorgegangen werden sollte, die man bisher vielleicht geduldet hatte. Im Mai 1961 wurde der erste »Wilderer« auf frischer Tat ertappt. Man konfiszierte sein Gewehr und drei erlegte Gänse, anschließend sollte er noch dem Bezirksrichter in Barrow vorgeführt werden. Der war damals eine Frau und die erste Ureinwohnerin in dieser Position. Sadie Neakok verstand die Welt nicht mehr, als der Wildhüter ihr die Situation erklärte. Wie konnte die jahrtausendealte Jagd, die als selbstverständlicher Teil zur *subsistence*-Kultur der Inupiat gehörte, plötzlich gesetzeswidrig sein? Was folgte, war ein Schildbürgerstreich, wie er stringenter nicht im Handbuch des zivilen Ungehorsams hätte inszeniert werden können. Der Wildhüter, Harry Pinkham, versuchte zunächst den örtlichen Parlamentsangehörigen Johnny Nusunginya als Vorbild auf seine Seite zu ziehen. Die beiden Männer schlenderten durch Barrow und plauderten über das Abkommen, als eine Schar Enten über sie hinwegzog. Sofort riss Johnny seine Flinte hoch, ballerte in die Luft und freute sich anschließend über das gerade erlegte Abendessen für die Familie. Die Freude währte aber nur kurz. Denn Pinkham verhaftete ihn auf der Stelle. Nun war das Maß für die Bewohner von Barrow voll.

Am nächsten Tag statteten sie dem Wildhüter einen Besuch ab und brachten demonstrativ jeder eine tote Ente mit, frisch geschossen oder vom Vorjahr noch eifrig aus der Gefriertruhe geklaubt. Pinkham traute seinen Augen nicht. Was sollte er mit all den Gesetzesbrechern nun tun? Er suchte Rat bei Richterin Neakok, die die Protestaktion heimlich gemeinsam mit Senator

Eden Hopson organisiert hatte. Sie erinnerte ihn an seine Dienstpflicht, jede einzelne Überschreitung anzuzeigen. Die Jäger kooperierten sogar bereitwillig, und jeder erklärte sich selbst schriftlich für schuldig und verlangte seine Inhaftierung. Außerdem drückten die Delinquenten Pinkham noch einen hundertfach unterschriebenen Brief an Präsident Kennedy in die Hand, in dem sie ihn aufforderten, die Jagd auf Enten und Gänse für die Inupiat freizugeben. Ein altes Theater wurde zum Versammlungssaal umfunktioniert, in dem die 138 gut gelaunten »Sträflinge« auch notdürftig verwahrt werden konnten. Senator Hopson schickte unterdessen ein Telegramm an den Gouverneur und erbat die Hilfe eines Sozialarbeiters, nachdem die Kinder, deren Eltern jetzt ja einsäßen, ohne sie hungern müssten. Und dann die unvorhersehbaren psychischen Folgen für die Sprösslinge der »Kriminellen«. Da bräche ja der traditionelle Familienverbund auseinander, und der Gesellschaft drohe der Kollaps. Harry Pinkham musste sich derweil um die Beweismittel kümmern, neun Säcke voller toter Enten, die er sichergestellt hatte. Abermals wandte er sich an Richterin Neakok, in der Hoffnung, sie könne die Säcke in einem kühlen Keller zwischenlagern. Die aber weigerte sich strikt, das müsse Pinkham schon allein regeln, schließlich sei das ja seine Aufgabe. Also ließ er die Enten mit zwei Buschfliegern nach Fairbanks bringen. Als Nächstes mussten die Angeklagten zur Verhandlung ebenfalls mit Flugzeugen dorthin. Dazu kam es aber nicht mehr. Die Behörden erkannten offenbar die Sinnlosigkeit ihrer Bemühungen und gaben sich geschlagen. Auch wenn es noch fast vierzig Jahre dauerte, bis die Rechtslage offiziell geändert wurde – der Triumph der Inupiat wurde als *Barrow Duck-In* gefeiert und hatte Vorbildcharakter auch für andere Stämme im Kampf um Jagd- und Landrechte.

Vordergründig mag die Situation der Ureinwohner in Alaska besser sein als die der amerikanischen Reservatsindianer. Der Alltag aber bleibt hart und teuer in den abgelegenen Siedlungen. Und wie erfolgreich sie ihre Kulturen angesichts stetig wachsenden Hungers nach Bodenschätzen und Energieressourcen in ihren Gebieten bewahren können, wird sich zeigen. Für die Eyak im Südosten Alaskas scheint die Herausforderung besonders groß zu sein. Knapp 200 Stammesmitglieder machen sie zur kleinsten Gruppe der alaskanischen Indianer. Mit dem Tode von Marie Smith Jones im Jahr 2008 verstarb die Letzte, die ihre Sprache noch fließend beherrschte. Damit die anderen Sprachen nicht das gleiche Schicksal ereilt, werden sie inzwischen wieder vielfach an den Schulen oder per Fernunterricht gelehrt. Das renommierte Rosetta Stone-Sprachinstitut hat inzwischen sogar einen CD-ROM Sprachkurs für Inupiat entwickelt. Noch sind es Tropfen auf heiße Steine in einem komplexen und lohnenswerten Prozess, Vielfalt, Reichtum und Wissen der Ureinwohner Alaskas auch für die Menschheit zu schützen. Jahrtausende haben sie in und mit diesem rauen Land überlebt. »Meine Vorfahren waren immer nur einen Schritt davon entfernt, im Winter zu sterben, zu verhungern oder zu erfrieren«, erzählte mir Marjorie in Fairbanks. Die Mutter Athabaskin, der Vater

Weißer, hatte sie es geschafft, in beiden Welten zu bestehen und engagierte sich mittlerweile beruflich für eine indianische Gemeinde, deren wirtschaftliche Situation sie verbessern wollte. »Die Bedrohung hat früher immer mitgeschwungen, weil die Winter hier so hart, kalt und dunkel sind. Die ganze Zeit waren die Menschen unterwegs, mussten sich gegen Wölfe wehren, stets bemüht, die Familie zu ernähren.« Dieses Leben prägte Generationen, scheint aber im relativen Komfort des 21. Jahrhunderts zu verblassen. Die ursprüngliche Verbindung zum Land und seinen Geschöpfen hingegen haben sich viele der Ureinwohner bis in die Neuzeit bewahren können. Noch.

Der Große Fluss

Er ist der Inbegriff Alaskas, der Denali unter den Flüssen. Kein anderer verkörpert Wildnis und Abenteuer so wie der Yukon River. Auch wenn sein Quellgebiet im Nordwesten Kanadas liegt und er sich dort erst gut tausend Kilometer durch das nach ihm benannte Territorium schlängelt: Der Yukon ist Alaskas Fluss. Mehr als 2000 Kilometer durchquert er den Staat komplett von Ost nach West und mündet schließlich in die Beringsee. Das macht ihn zum längsten Fluss in Alaska, einem epischen Strom durch die wilde Weite. Aber nicht zum Spitzenreiter. In Nordamerika rangiert er hinter Missouri, Mississippi und MacKenzie auf Platz Vier der Flussriesen. Und doch schillert sein Name am abenteuerlichsten, spätestens seit dem großen Goldrausch Ende des 19. Jahrhunderts.

Im August 1896 klaubte Skookum Jim wie schon erwähnt den ersten Klumpen aus dem klaren Wasser des Klondike, einem Zufluss des Yukon bei Dawson in Kanada. Dieser zufällige Fund löste ein Fieber aus, das Zehntausende aus allen Teilen der Welt in den Norden lockte. Viele trieb nicht die Gier, sondern die schiere Verzweiflung und finanzielle Perspektivlosigkeit in ihrer Heimat. Sie nahmen monatelange Reisen, Torturen und ständige Ungewissheit auf sich, bestiegen in San Francisco, Seattle oder Vancouver Schiffe und segelten bis ans Ende der Inside Passage. Dort entstand gerade ein Zeltdorf, das immerhin schon über einen großen Pier verfügte, den der deutsche Auswanderer William Moore aus Niedersachsen in weiser Voraussicht hatte anlegen lassen. Der Ansturm auf sein Mooresville überrannte ihn bald, der Name der schnell wachsenden Stadt wurde zu »Skaguay«, und dubiose Geschäftemacher und zwielichtige Gestalten wie Soapy Smith rissen die Macht an sich.

Für die meisten Glückssucher aber entpuppte sich das heutige Skagway als idealer Start in ihr Abenteuer. Gleich zwei Trails führten von hier und dem nahe gelegenen Dyea aus über die Pässe zu den Quellseen des Yukon, der die direkteste Route zu den Goldfeldern versprach. Die meisten entschieden sich für den zwar steileren, aber kürzeren Chilkoot Trail, den die Küstenindianer zuvor schon als Handelspfad genutzt hatten. Gut fünfzig Kilometer beträgt die Strecke vom Start auf Meereshöhe bis zum Lake Bennett, dem ersten schiffbaren Quellsee des Yukon. Der damals wie heute unwegsame Trail verläuft durch drei Vegetationszonen, vom dichten

Küstenregenwald in eine baumlose, hochalpine Bergwelt und weiter in nordische, boreale Nadelwaldlandschaft. Für die spektakuläre Natur hatten die Goldsucher allerdings verständlicherweise kaum ein Auge, sie waren damit beschäftigt, Ausrüstung und Proviant über den Chilkoot Pass zu wuchten. Bis zu einer Tonne Gepäck pro Person, so die Auflage der kanadischen Regierung, als Vorsichtsmaßnahme. Sie befürchtete, viele der *cheechakos*, der Grünschnäbel aus dem Süden, die vorher noch nie im Norden gewesen waren, würden den harten Winter sonst nicht überstehen. Die Goldsucher, die sich keine Träger leisten konnten, mussten die beschwerlichen fünfzig Kilometer dann dreißig oder vierzig Mal bewältigen, bis sie ihre komplette Ausrüstung wieder beisammen hatten und die Reise hoffentlich entspannter auf dem Wasserweg fortgesetzt werden konnte.

Allerdings war es inzwischen Herbst geworden, die Seen waren längst zugefroren, und auch der Yukon sollte bald zu einer meterdicken Eisschicht erstarren und erst nach vielen Monaten wieder auftauen. Also campierten die meisten am Lake Bennett, schlugen die umliegenden Hänge kahl und bauten sich einfache Boote und Flöße für die Weiterfahrt im nächsten Frühjahr.

Im Mai 1898 war es dann endlich so weit, der arktische Winter gab den See und damit den Wasserweg zum Gold wieder frei. Eine Armada aus verwegenen Gefährten legte nahezu zeitgleich ab und schipperte gen Klondike. So reibungslos wie erhofft aber verlief die Reise für viele nicht lange. Ihre eifrig gezimmerten und nur notdürftig abgedichteten Boote leckten unentwegt, und in den Stromschnellen des Yukon im Miles Canyon, bei Whitehorse und in den Five Fingers kenterten manche, verloren ihr Hab und Gut, andere gar ihr Leben. Trotzdem sollen es von den geschätzten 100 000 Wagemutigen, die ursprünglich aufgebrochen waren, 40 000 tatsächlich bis Dawson City geschafft haben. Nur um bei ihrer Ankunft im Sommer 1898, also zwei Jahre nach dem ersten Fund, enttäuscht festzustellen, dass sie zu spät und die besten Claims längst vergeben waren. Frustriert ließen daraufhin einige das zurück, was sie noch besaßen und kehrten heim zu ihren Familien. Andere heuerten als Arbeiter in den Minen an. Reich wurden nur wenige. Und als kurz darauf die Kunde von den nächsten Funden in Nome, an der Westküste Alaskas, die Runde machte, ebbte der Goldrausch am Klondike schnell wieder ab, und die Glückssucher zogen weiter.

Geschürft wird heute in und um Dawson aber immer noch, vielfach sogar in den gleichen Claims wie damals, und immer noch recht profitabel. Der Mythos vom wilden Norden, in dem jeder Reichtum und Glück finden kann, hält an. Ein Mythos, an dem ein Mann federführend mitgestrickt hat, der während des Goldrausches noch zu den Verlierern gezählt hatte und mittellos in seine kalifornische Heimat zurückkehren musste. Dort aber begann Jack London mit dem Schreiben von Kurzgeschichten und Romanen, vielfach inspiriert von seinen Erlebnissen und Beobachtungen am Klondike, die ihn später reich und berühmt (zu seinen bekanntesten Romanen zählen »Wolfsblut«, »Ruf der Wildnis« und »Der Seewolf«) und den Namen Yukon zum Synonym für Freiheit und Abenteuer machten. Seine Helden waren wolfsähnliche Schlittenhunde und bärenstarke *musher*, die sich gegen den arktischen Winter und sämtliche andere Widrigkeiten, mit denen der wilde Norden noch aufwartete, behaupteten.

Nachdem ich die Bücher in meiner Jugend verschlungen hatte, erlag auch ich dem Lockruf der Wildnis. Nicht so sehr wegen der übernatürlichen Kühnheit der Protagonisten; mich packten vor allem die Bilder der Szenerie, die Jack London beschrieb, gleichsam schön wie rau. Nun habe ich es ohnehin landschaftlich mehr mit dem Norden, vielleicht auch, weil ich in der oftmals klaren, kühlen Luft meine, klarere Gedanken fassen zu können – ein Vorteil, will man allein in der Widnis nicht in ein unangenehmes oder gar bedrohliches Schlamassel geraten. Der andere Grund liegt vermutlich in meiner Vorliebe fürs Wasserwandern. Zwei Jahre Mitgliedschaft bei der Kanugesellschaft in meiner Heimatstadt Hanau führten zwar nicht zu sportlichen Erfolgen, aber zu einer initialen Begeisterung fürs Unterwegssein mit dem Boot, die ich in den Folgejahren bei Reisen immer wieder mal auslebte. Auf der Lahn, in Lappland und durch den Küstenteil der Everglades in Florida. Irgendwann aber wollte ich dem Ruf folgen, der sich inzwischen festgesetzt hatte. Einmal auf dem Yukon paddeln, dem ultimativen Abenteuer nachspüren.

Es dauerte mindestens zwanzig Jahre, bis der Zeitpunkt reif schien und ich zum ersten Mal an seinem Ufer in Whitehorse stand. Eine prickelnde, aber auch ernüchternde Erfahrung. Die türkisblauen Wassermassen des sagenumwobenen und vor allem in seinem Delta so majestätischen Flusses schossen mit imposanter Geschwindigkeit am Rand eines Industriegebietes vorbei. Kurz davor lagen seine Ufer keine hundert Meter auseinander, der hessische Main bei Hanau schien breiter. Außerdem hatte sich um den Yukon eine ganze Tourismusindustrie etabliert, die Kanuwanderern den Einstieg ins Abenteuer erleichtern und ordentlich daran verdienen wollte. In den wenigen Straßen von Whitehorse finden sich unzählige Outfitter, Bootsverleiher und Dienstleister, die Touren, Ausrüstung oder Shuttle-Services zu Start- und Endpunkten anbieten. Einsamkeit und Pioniergeist sucht man auf dem Fluss in Kanada während der Sommermonate vergebens. Bis zu 2000 Paddler sollen sich pro Saison zwischen Whitehorse und Dawson City tummeln, die meisten davon kommen aus Deutschland, wie eine Studie der Regierung des Yukon Territory mal eindrucksvoll belegte, als wir mit vierzig Prozent den weitaus größten Teil der Paddler in diesem Abschnitt stellten. Man spricht Deutsch auf dem Fluss.

Anfangs glaubte ich, das läge allein an Jack London, der mit seinem Werk ähnlich einflussreich für den Norden warb wie parallel Karl May bei uns für die Indianer. Vermutlich entspringt unsere Begeisterung für den amerikanischen Norden aber wohl doch eher der tief brennenden Sehnsucht nach grenzenloser Weite und Freiheit in einem so dicht besiedelten Ballungsraum wie Mitteleuropa. Und wo findet man die heutzutage noch in einem Ausmaß wie hier am Yukon? Es gibt bestimmt schönere, einsamere und wildere Flüsse, aber keinen so mythischen. Manch einer mag dann ein wenig enttäuscht sein, wenn er seine Vorstellung beim ersten Besuch angesichts des Tourismus deutlich korrigieren muss. Wildromantisch geht anders. Aber für mich behielt der Yukon seine magische Anziehung, gerade mit Blick auf einen Interessensschwerpunkt, der sich in den letzten fast zwanzig Jahren meiner Arbeit als Fotograf und Journalist herauskristallisiert hat: die Kulturen und das Leben der nordamerikanischen Ureinwohner. Dafür war zweifelsohne der schon erwähnte Karl May mitverantwortlich, auch wenn das vielleicht wenig seriös klingt. Ich hatte zwar keines seiner Bücher gelesen, dafür aber schon als Kind alle »Winnetou«-Filme im Fernsehen mehrfach geradezu aufgesaugt. Gut, rückblickend muss das Urteil über deren Qualität eindeutig und vernichtend ausfallen, aber unterhaltsam und exotisch, wie sie waren, zogen mich die Bilder damals trotzdem in ihren Bann. Und wenn ich mich recht erinnere, faszinierten mich besonders die wenigen Kanusequenzen auf den türkisblauen Gewässern – allerdings Jugoslawiens, wo meist gedreht wurde. Vielleicht war also schon zu jenem Zeitpunkt die Saat gesät, die schließlich Jahre später, als ich mich konkret mit dem Plan einer Reise auf dem Yukon beschäftigte, dazu führte, dass ich dafür ein indianisches Kanu in Betracht zog.

Bewusst sah ich mein erstes im indianischen Museum am Yukon-Ufer in Dawson City. Dort war der Nachbau eines Birkenrindenkanus der Gwich'in-Indianer ausgestellt. In der Form erinnerte es eher an die Kajaks der Eskimos, aber der Gedanke, den Menschen am Fluss in einem solchen Boot, also möglichst authentisch, zu begegnen, ließ mich nicht mehr los. Umgehend wandte ich mich an die Kuratorin des Museums, erzählte von meinen Plänen und fragte, ob diese Kanus heute noch gebaut und benutzt würden und ob eine Reise von den Quellseen bis zum Beringmeer damit wohl möglich wäre. Sie verwies mich an die junge indianische Erbauerin des Modells, deren Antwort ziemlich ernüchternd klang: auf keinen Fall! Das seien Jagdkanus, leicht, wendig, schnell und sehr anfällig. Man fahre damit raus, erlege das Karibu, und dann gehe es gleich zurück ins Dorf. Mein Vorhaben habe nur eine Chance, wenn ich ein Begleitboot mitnehmen würde, das mich im Ernstfall vor dem Absaufen retten könnte. Wie unbefriedigend. Ich recherchierte weiter und stieß im Internet auf einen Mann, der Kanus aus Birkenrinde noch in alter Tradition ausschließlich mit Material aus den Wäldern fertigte. Wir korrespondierten eine Weile per Mail und Telefon, und er überzeugte mich, dass ein solches Boot durchaus für eine Reise, wie ich sie vorhatte, geeignet sei. Die Menschen früher hätten sie ja auch genutzt, waren wochenlang quasi mit dem kompletten Hausstand darin unterwegs, um auf den Wasserwegen Handel zu treiben. Man müsse sich halt nur für das passende Modell entscheiden. Mindestens hundert verschiedene Stile indianischer Kanus aus Birkenrinde und Tierhaut waren dokumentiert, jeder Stamm hatte ursprünglich gewissermaßen seinen eigenen. Vermutlich wäre das *Ojibwe Longnose* der geeignetste Typ. Das klassische Indianerkanu, mit den geschwungenen Nasen und großer Ladekapazität, war für die Ojibwe-Indianer an den Großen Seen Nordamerikas der Lkw seiner Zeit.

Schnell wurden wir uns einig, und so reiste ich im April 2010 nach Ontario im Südosten Kanadas, um dort gemeinsam mit Tom Byers ein fünfzehn Fuß, also rund fünf Meter langes Kanu zu bauen. Knapp drei Wochen werkelten wir von Sonnenaufgang bis manchmal tief in die Nacht. Wir schälten Rinde von mächtigen Birken, fällten Zedern und Eschen für den Holzrahmen, gruben Kiefernwurzeln zum Vernähen der Rindenteile aus dem Boden und kratzten Fichtenharz von den Bäumen, zum Abdichten der Nähte. Den ersten Test auf dem Fluss gleich neben Toms alter Blockhütte bestand das Boot bravourös, nirgendwo drang Wasser ein. Erleichtert und zufrieden schnallte ich das Kanu auf meinen alten Truck und transportierte es zusammen mit der Ausrüstung mehr als 4000 Kilometer quer durch den nordamerikanischen Kontinent bis nach Skagway, Alaska. Mein Abenteuer sollte so beginnen wie das der Goldsucher vor mehr als hundert Jahren. Ich überquerte den Chilkoot Pass und erreichte nach drei Tagen Marsch den Lake Bennett, allerdings ohne Kanu und den Großteil der Ausrüstung, die von der White Pass & Yukon Railroad am nächsten Morgen nachgebracht wurden. Ein Service, auf den die Goldsucher noch nicht setzen konnten, weil die Eisenbahn erst 1899 fertiggestellt wurde, kurz nach Ende des Goldrausches am Klondike.

Am 16. Juni startete ich dann endlich auf dem Wasser, gespannt, zuversichtlich und nichts ahnend, dass die Reise schon bald jäh gestoppt werden würde. Bei orkanartigem Wind und mannshohem Wellengang verlor ich bereits am nächsten Morgen die Kontrolle über mein Boot, mit der Brandung schlug es am felsigen Ufer leck. Ich saß fest, patschnass, frustriert und gewarnt. Obwohl ich anfangs große Zweifel hatte, gelang mir mit einem Stück Ersatzrinde, Wurzeln und ordentlich Fichtenharz nach drei Tagen die Reparatur. Der Schock über den Unfall aber saß tief und bestimmte die weitere Reise bis zum Schluss. Ich war ständig darauf bedacht, das Kanu nicht erneut zu beschädigen, umschiffte steinige Untiefen, mied scharfkantige Ufer, wo immer es ging, und achtete beim Anlanden und Ablegen akribisch auf ein ausreichend großes Wasserpolster unterm Kiel. Manchmal verbrachte ich zehn Stunden und länger an Bord, ohne auszusteigen, um das Risiko für weitere Schäden zu minimieren. Wenn ich eine Pause brauchte, lehnte ich mich an die meist prall gefüllte Proviantonne hinter mir, ließ mich einen Moment treiben und paddelte irgendwann weiter. Aber egal wie sehr ich mich auch bemühte, das Boot blieb anfällig. An heißen Tagen und mit direkter Sonneneinstrahlung schmolz gelegentlich das Harz sogar unterm Paddeln auf dem Wasser. Ein mit Gaskartusche betriebener Bunsenbrenner sollte zum wichtigsten Reparaturwerkzeug werden. Im Schnitt musste ich ihn jeden zweiten Tag einsetzen, um Harz zu schmelzen und damit Löcher zu stopfen. Das hatte ich mir entspannter vorgestellt, vielleicht war ich zu naiv gewesen.

Andererseits führten die Zwangspausen durch Reparaturen auch zu Begegnungen mit den Menschen, an denen ich sonst vorbeigepaddelt wäre. So wie in Carcross, einer indianischen Gemeinde am Ende von Lake Bennett, wo mir Totemschnitzer Keith ein Stück Karibuspeck überließ, mit dem ich die Konsistenz des Fichtenharzes verbessern konnte. Dazu erhitzte ich den Speck auf dem Campingkocher in der Pfanne und rührte das so gewonnene Öl anschließend in das ebenfalls erhitzte Harz. Die Begegnung mit Keith sollte zu einer der eindrucksvollsten der Reise werden. Er zeigte mir seinen Workshop, erzählte von der Bedeutung der Totems und wie er zum Schnitzen gekommen war. Auch danach hielt die Verbindung, ich besuchte Keith im Winter, schlug mit ihm Löcher ins Eis und platzierte Biberfallen vor einer Burg, der Behausung aus Ästen, Zweigen und Schlamm. Im darauffolgenden Jahr verfolgte ich, wie ein Totempfahl, den sein Sohn geschnitzt hatte, am *Aboriginal Day* in Carcross aufgerichtet wurde.

Trotzdem blickte ich unterwegs auf dem Fluss manchmal neidisch auf die Plastikbootpaddler, die ihre voll beladenen Kanus am Ende jeder Tagesetappe einfach ans Ufer zogen. Während ich akribisch darauf bedacht war, meine Birkenrindenschale zu schützen, jedes Gepäckstück einzeln aus dem Boot nahm und es dann selbst noch an einem hoffentlich weich gepolsterten und vor direkter Sonneneinstrahlung geschützten Platz deponierte. Wenn sich trotz aller Vorsichtsmaßnahmen und Achtsamkeit am nächsten Tag mal wieder unter mir im Kanu das Wasser sammelte, lagen die Nerven gelegentlich blank, und ich schrie den Frust in die unendliche Weite über den Fluss. Das war einfach nur nervig, aber längst nicht so brenzlig wie die erneute Kombi aus

Wind und Wellen, wenn der Yukon breit oder gar zum See wurde, wie kurz hinter Whitehorse. Die Warnungen der Einheimischen vor der eisigen Wassertemperatur und tückischen Strömungen hallten mit Blick auf eine womöglich verheerende Kenterung besonders laut in meinem Schädel.

Dazwischen aber verzückte der Fluss auch immer wieder und zeigte sich von seiner versöhnlichen Seite. Aus den Wäldern an seinen Ufern drang verspielter Vogelgesang, Blüten verströmten ihr betörendes Aroma, das leuchtende Lila des *fireweed* strahlte wie ein verheißungsvoller unendlicher Teppich von den alten Waldbrandhängen, scheue Biber tauchten mit dem Schwanz laut aufs Wasser klatschend ab, und Elchmütter staksten mit ihren Kälbern durch den Schlick. Hin und wieder trollte sich ein junger Schwarzbär ins Unterholz. Besonders magisch blieben mir die Stunden nach Sonnenuntergang in Erinnerung, wenn der Fluss friedlich und in lang geschwungenen Kurven durch die Mittsommernacht mäanderte. Über den pechschwarzen Silhouetten der Fichten wechselte der Himmel unentwegt sein Farbspiel und schöpfte dabei verschwenderisch aus der gesamten Pastellpalette. Diese Momente zwischen Tag und Nacht entschädigten für die Anspannung im Wellengang, und ich haderte manchmal mit der Müdigkeit, die mich gegen zwei, drei Uhr morgens schließlich doch ins Zelt trieb und mir so die Chance nahm, die Magie vollends auszukosten.

Im Laufe der Reise wuchs der Yukon von einem übermütigen Jüngling, der in gewagten Schlingen über den steinigen Grund sprudelte, zu einem behäbig und souverän dahinfließenden Strom, der eine ganze Landschaft formte, prägte und beherrschte. Sein Wasser wechselte die Farbe und Qualität, änderte sich von klarem Grünblau in schlammiges Graubraun. Er wurde von einem Fluss zu mehr.

Vor Kurzem sah ich eine Dokumentation des amerikanischen Fotografen PeterMcBride, der dem Lauf des Colorado River gefolgt war, um seine Veränderung gerade durch den Einfluss des Menschen festzuhalten. Am Ende versickerte der einst so mächtige und bedeutende Strom traurig als zugemülltes Rinnsal in der mexikanischen Wüste, rund fünfzig Meilen vor Erreichen des Pazifiks, in den er sich vor nicht allzu langer Zeit noch ergossen hatte. McBrides Film ist eine schockierende Mahnung, dass wir mit unseren Ressourcen immer noch zu kurzsichtig und kleingeistig umgehen. Während seiner Reise stellte er ebenfalls fest, dass der Colorado sich für ihn in der Wahrnehmung veränderte, von etwas Neutralem, Gegenständlichem, Seelenlosem zu einem Wesen, zu dem er eine Beziehung, eine Verbundenheit aufgebaut hatte. Keine Sorge, esoterischer wird's nicht. Aber dass monumentale Wassermassen womöglich auch ein Wechselspiel mit anderen Lebewesen eingehen, unterstreichen ja nicht nur erfolgreiche Wünschelrutengänger oder Möbelverrücker, die ihre vier Wände nach Wasseradern einrichten.

Historisch mag der Fokus wegen des Goldrausches auf dem kanadischen Teil des Yukon gelegen haben. Und keine Frage, die ersten knapp tausend Flusskilometer sind atemberaubend schön und immer wieder mit spannenden Relikten aus dieser Zeit und der Ära der Schaufelraddampfer gespickt. Aber erst in Alaska übernimmt der Yukon die herausragende Rolle als Lebensader und Hauptstraße durch die Wildnis. In Kanada liegen drei Städte an seinem Ufer, Whitehorse, Carmacks und Dawson City, alles Orte, die auch über eine Straßenanbindung verfügen. In Alaska reihen sich mehr als zwanzig Siedlungen an seine Ufer, nur nach Eagle und Circle führen zusätzlich Schotterpisten. Diese Isolation und Abhängigkeit vom Fluss prägen das Leben und die Menschen. Mit Erreichen der kanadisch-amerikanischen Grenze, die am Ufer lediglich durch zwei zerschlissene, lustlos im Wind baumelnde Flaggen und eine weithin sichtbare Schneise durch die Wälder markiert wurde, meinte ich das zu spüren. Schon beim Gang durch Eagle, dem ersten Dorf gleich hinter der Grenze, hatte ich den Eindruck, die Menschen sind offener. Sie lächelten und grüßten, knapp, aber freundlich.

Im Dorfladen erkundigte ich mich nach dem Grenzbeamten, bei dem ich meine Einreise anmelden sollte. Kurz darauf stieß er mit seinem Dienstwagen zu mir und erledigte die Formalitäten gleich vor Ort, auf einem Campingtisch beim Laden. Wir plauderten eine Weile, und Chuck erzählte mir von den immer noch spürbaren Folgen, die ein verheerendes Hochwasser im Jahr zuvor beim Eisaufbruch ausgelöst hatte. Eisschollen von der Größe eines Fußballfeldes stauten sich an einer Felswand und ließen im Gefolge den Pegel des Yukon auf Rekordhöhe ansteigen. Die Wassermassen und weitere Schollen säbelten Bäume und Häuser nieder, viele Bewohner verloren ihren Besitz und die Bleibe. Nur durch gemeinsames Anpacken habe man sich anschließend wieder aufgerafft und sei aus eigener Kraft auf die Füße gekommen. Leider sollte das Schicksal auch im Jahr meiner Reise erneut hart zuschlagen und Eagle treffen. Diesmal kam das Wasser von oben, in abermals historischen Massen, die nicht enden wollten und die einzige Zufahrtsstraße nach Eagle einfach wegspülten. Der Ort blieb für Monate von der Außenwelt abgeschnitten, nur durch die Luft oder über den Fluss erreichbar. Nach Ende meiner Reise erfuhr ich, dass Chuck, der freundliche Grenzbeamte, in den Regenfällen bei einer Dienstfahrt von der Straße abgekommen und in einen reißenden Bach gestürzt war, nur einen Tag nachdem wir uns begegnet waren und ich ein Erinnerungsfoto von ihm geknipst hatte. Er galt wochenlang als verschollen, bis der Yukon seine Leiche bei Eagle ans Ufer trug. So als ob der Fluss ihn zurück nach Hause habe bringen wollen, wie mir später ein Park-Ranger in Eagle schrieb.

Der Sommer blieb regnerisch und stürmisch. Und die Begegnungen wurden immer intensiver. Vor Fort Yukon, dem ersten Ort inmitten der unübersichtlichen Yukon Flats, hatte man mich gewarnt. In Büchern wurde von Ausschreitungen und Diebstahl berichtet, meist in Zusammenhang mit Alkohol. Denn während sich viele Siedlungen im Umkreis gegen den Verkauf und Konsum ausgesprochen hatten, besaß Fort Yukon den einzigen Schnapsladen weit und breit. Viele schienen das auszunutzen und pilgerten regelrecht hierher, um sich zu betrinken. Ich hatte mir Skepsis bei Vorurteilen und klischeehaften Einschätzungen verordnet, aber auch eine Bewohnerin von Fort Yukon, der ich kurz zuvor in Circle beim Umladen der in Fairbanks gekauften Waren geholfen hatte, bestätigte die Berichte. Trotzdem wollte ich bleiben, auch um mir ein eigenes Bild zu machen. Schon der Weg nach Fort Yukon entpuppte sich als Herausforderung. Bis Circle konnte ich auf detaillierte Karten und Flussführer setzen, danach aber standen nur noch grobe und meist längst veraltete Übersichten zur Verfügung. Auch die Landschaft änderte sich jetzt. Die bislang dominierenden Berge und Hügelketten, durch die der Yukon meist sehr übersichtlich strömte, wichen nun weit auseinander. Der Fluss mäanderte durch ein gut 300 Kilometer langes Sumpfgebiet, er verzweigte sich unentwegt, bildete Seitenarme, Nebenflüsse, Tümpel und Seen. Keine Erhebung, kein markanter Punkt am Horizont, der die Orientierung hätte erleichtern können. Ich musste mich immer wieder treiben lassen, in der Hoffnung, den Hauptstrom nicht zu verlassen. Die Einheimischen hatten mich beruhigt, Sackgassen gäbe es keine, alle *sloughs*, alle Seitenarme, würden sich wieder mit dem Hauptstrom vereinen. Die Frage sei halt bloß, wie lange das dauere. Aber mit Geduld käme man aus diesem Labyrinth irgendwann schon wieder raus.

Obwohl ich die meiste Zeit keine Ahnung hatte, wo ich gerade paddelte, erreichte ich nach einem Tag Fort Yukon. Der Motorenlärm der kleinen Buschflieger kündigte die nahe Siedlung an. Nachdem ich mein Kanu an einer geschützten Stelle des Ufers verzurrt hatte, stieg ich die Böschung hinauf, um mir einen Überblick zu verschaffen. Ich folgte einer Schotterstraße, die Richtung Flugplatz führte, als mir ein ramponierter roter Truck entgegenkam. Die drei Männer in der Fahrerkabine boten mir an, mich zum Dorfladen zu fahren, um meinen Proviant aufzustocken. Geduldig warteten sie, bis ich alle Einkäufe erledigt hatte, und brachten mich dann zurück zum Boot. Mit dem Fahrer, Richard Caroll, zeichnete ich noch ein kurzes Interview auf. Als Sohn eines irischstämmigen Amerikaners und einer Athabaskin lebte er von Touren, die er anbot. Seine Kundschaft kam jeden Abend aus Fairbanks mit dem Flieger in den Busch. Richard kutschierte sie dann in seinen alten Schulbussen durch die Gassen, erzählte von der Bedeutung, die Fort Yukon vor allem früher während des Kalten Krieges hatte, als die amerikanische Armee hier eine strategisch wichtige Abhörstation gegen Russland betrieb. Heute war der Ort Paradebeispiel für die vielen zwar vom Staat subventionierten, aber doch irgendwie autarken Siedlungen, die, auf sich gestellt, in der Wildnis überlebten. Richard brachte die Besucher zum Hafen, wo die Boote der örtlichen Fischer zwischen angeschwemmtem Treibholz schaukelten. Am Ufer lagerten Fischräder bis zur Ankunft der ersten Lachse der Saison. Und der Friedhof konnte sogar mit einem Promi aufwarten. Hudson Stuck, einst Erzdiakon und Leiter der ersten erfolgreichen Expedition zum Gipfel des Denali, fand hier seine letzte Ruhestätte.

Als ich mich schon verabschiedet hatte, lud mich Richard ein, doch zu bleiben, ich könne auch hinterm Haus seiner Schwester campieren und müsse mir keine

Sorgen um Diebstahl oder Belästigungen machen. Ich blieb drei Tage, die mit zu den beeindruckendsten der gesamten Reise werden sollten, weil die Menschen mich so herzlich aufnahmen. Das lag sicher zu einem großen Teil am Besuch beim lokalen Radiosender. KZPA versorgte den ganzen Busch in den Flats mit Infos und Musik. Die beiden Moderatoren der Morning Show, Richards Tochter und sein Cousin, interviewten mich in der Sendung zu meiner Reise und schlugen dann vor, doch selbst mal wieder zu moderieren. Ich kehrte am nächsten Tag zurück und durfte drei Stunden lang Country Songs auflegen. Das war offenbar nicht nur für mich ein großer Spaß, auch den Hörern schien es gefallen zu haben. Einer radelte ganz aufgeregt nach der Sendung auf mich zu und drückte mir eine D-Mark-Münze und einen Beutel mit einer tiefgeforenen, voll befederten Ente in die Hand. Das sei Proviant, er habe die Ente im Frühjahr auf dem Fluss geschossen, und ich wisse ja bestimmt, wie man sie zubereite. Verdutzt bejahte ich, reichte den Beutel aber später dann doch an Richard weiter, mit der Bitte, ihn erneut einzufrieren, damit wir die Ente bei meiner Rückkehr gemeinsam rupfen und leckere Suppe daraus bereiten könnten.

Der Abschied von Fort Yukon und seinen Bewohnern fiel mir schwer. Ich hatte das Gefühl, für viele kein Eindringling zu sein, sondern ein Besucher, der ein Stück von der Welt da draußen zu ihnen brachte, die sie niemals kennenlernen würden, und mit dem sie in Gedanken mitreisen konnten. Klingt ein bisschen schwülstig und vermessen. Aber zu vielen, die ich am Fluss traf, habe ich den Kontakt halten können, sie erneut besucht, so wie Debbie und Randy, das Ehepaar, das mich in ihr Fischcamp in den Yukon Flats einlud. Zum Abschied wünschte mir Debbie, dass ich erkenne, wie spirituell und besonders die Beziehung der Menschen am Yukon zum Fluss und zur Natur sei. Und sie versprach mir, dass mich nichts so berühren würde wie hier draußen zu sein. In der Wildnis, aber vor allem bei den Menschen, die hier lebten. Wie recht sie behalten sollte.

In Tanana schickte Ladenbesitzerin Cynthia erst ihren Sohn auf dem Quad mit Suppe, Crackern und selbst gemachter Marmelade zu mir ins Camp. Am nächsten Abend saß ich mit der gesamten Familie am Tisch zum üppigen *chicken dinner*. Flussopa Roy, eine halbe Tagesetappe flussabwärts, winkte mich im strömenden Regen vom Ufer aus zu sich. Er hauste seit seiner Pensionierung vor über zwanzig Jahren ganz allein mit zwei greisen Hunden in einer Blockhütte am Fluss. 84 Jahre alt war er inzwischen. Seine Kinder sorgten sich, weil er sich hochbetagt noch immer selbst durchschlug, Trinkwasser aus den Flüssen schöpfte und zur Hütte schleppte, Lachse fischte und räucherte und sich gegen gelegentliche Bärenbesuche mit einer Flinte zur Wehr setzte. Seine lapidare Antwort: Er könne noch immer sehr gut auf sich achten, aber die Kinder würden einfach nicht auf die Eltern hören, wie früher schon. Dann griff er zu seiner alten Mandoline, schrammelte ein paar Songs, zu denen er mit gebrochener Stimme sang, während ich den mit Orangengeschmack aromatisierten Instantkaffee schlürfte, den die letzten Kanubesucher ihm überlassen hatten.

In Galena nahm Jake, *The Mad Russian*, Jakob, der verrückte Russe, wie ihn alle hier fast liebevoll nannten, mich ein paar Tage bei sich auf. Er wusste schon, dass ich kommen würde, der Buschfunk hatte prima funktioniert, als Freunde am Oberlauf ihm von mir erzählten. Kurz bevor ich den Ort erreichte, brauste er mit seinem Motorboot auf mich zu und hieß mich willkommen. Auch er sei einst übers Wasser gekommen, mit seiner Frau und einem Freund auf einem Floß. Als sie schließlich Galena erreicht hatten, war ihm klar, dass er nie wieder von hier fortgehen wollte. Nicht weil es hier so schön wäre, ganz im Gegenteil. Dreckig und zugemüllt, zu einem guten Teil mit verseuchtem Militärabfall aus der Hochzeit des Ost-West-Konfliktes nach dem Zweiten Weltkrieg, als die Armeestrategen Galena als Stützpunkt auserkoren und eine jumbotaugliche Landepiste hier anlegten. Nein, der bunte Mix an liebenswerten Menschen, die hier lebten, machten den Ort so besonders, sie seien seine Seele.

Jake hieß eigentlich Jakov, stammte aus der Nähe von Moskau, von wo er als Jugendlicher mit seinem Vater und Bruder nach Amerika ausgewandert war. Ein Freund stellte ihm jetzt die Bleibe in Galena, einen staubigen Verschlag aus Brettern und Balken am Hochufer des Yukon, von dem aus er den Fluss fast zwanghaft beobachtete. Im Moment machte das Sinn, weil der Yukon das Brennholz für den Winter frei Haus lieferte. Massige Treibholzstämme wurden mit dem Hochwasser vom Oberlauf angeschwemmt. Wenn er ein besonders vielversprechendes Prachtexemplar entdeckte, sprang er ins

Boot, brauste raus, kettete den Stamm an und zog ihn zum Ufer. Dort wurde er zersägt, getrocknet und dann im Winter eben verfeuert.

Jake schwärmte vom Fluss. An einem Abend zerkleinerte er einen Batzen geschenktes Schwarzbärfleisch mit einem rostigen *Ulu*, dem halbrunden Eskimomesser, für unser gemeinsames Essen. Als Schneidebrett diente der Deckel einer alten Pappschachtel. Die Fleischstreifen briet er dann *very well done* in der Campingpfanne, wegen der möglichen Gesundheitsgefahr durch parasitäre Trichinen. Ich brachte kaum etwas runter. Anschließend mahlte er frische Bohnen und bereitete einen der leckersten Kaffees zu, die ich während meiner Reise trank. Wir philosophierten über die Faszination von Flüssen für uns Menschen. Zwei von Jakes Aussagen an diesem Abend blieben mir in besonderer Erinnerung. Zum einen sei die Dynamik des Wassers entscheidend, die ständige Bewegung, die uns Menschen als Raubtieren, die wir evolutionär ja immer noch seien, signalisiere, dass sich darin Beute verberge. Wie ein unwiderstehlicher Schlüsselreiz, dem wir folgen müssten. Noch entscheidender aber sei die Weite, die so ein Fluss mit sich bringe. Jake war überzeugt, dass der Horizont, der sich jeden Tag vor uns ausbreite, die Psyche beeinflusse. Und je weiter der Blick schweifen könne, desto größer seien das Herz, die Seele und der Geist der Menschen, so wie hier am mächtigen Yukon. Diese Freiheit hat Jake teuer bezahlt. Sein Rücken war zerschunden von der harten körperlichen Arbeit. Er litt an Schmerzen, kämpfte mit Lähmungen, konnte nachts kaum schlafen, selbst mit Medikamenten. Frau und Tochter hatten ihn längst verlassen, weil sie es in all dem Dreck und Staub nicht mehr ausgehalten hatten. Und trotzdem konnte er nicht weggehen, er wollte gar nicht. Hier am Yukon fühlte er sich sicher, weil hier andere Gesetze galten als die der menschlichen Gesellschaft.

Die Begegnung mit Jake stimmte mich sehr nachdenklich. Wir hielten per Mail und Telefon Kontakt. Die Winter verbrachte er gelegentlich in Fairbanks, hütete dann Häuser von Freunden, konnte es aber kaum erwarten, wieder zu seinem Fluss zurückzukehren. Er habe die Fähigkeit verloren, sich in der »normalen Welt« einzufügen, sei zum asozialen Psychopathen mutiert, für sein Überleben auf Almosen angewiesen, erklärte er. Ich habe selten einen eloquenteren Menschen getroffen, der Zusammenhänge so messerscharf analysieren konnte und daraus hochintelligente Schlüsse zog. Trotzdem gebe es für ihn nur eine Wahl, gestand er mir in seiner letzten Mail. Noch tiefer in die Wälder am Fluss zu ziehen, noch weiter weg von der für ihn so beängstigenden Gesellschaft. Manchmal glaubte ich zwischen den Zeilen ganz deutlich eine gewisse Todessehnsucht zu lesen. Vielleicht trug er deshalb nie eine Schwimmweste, wenn er ins Boot stieg und rausfuhr.

Egal wohin ich jetzt kam, die Menschen beschenkten mich mit Nahrung. Ich bekam geräucherte Lachsstreifen, Müsliriegel, Schokolinsen. In Nulato gab mir der Pfarrer frisch geerntete Radieschen aus dem Gemeindegarten und ein Glas eingemachten Lachs. Am meisten beeindruckte mich in diesem Zusammenhang ein Erlebnis in Grayling, etwa 600 Kilometer vor dem Ziel, wo ich drei Tage ausharren und auf Wetterbesserung hoffen musste. An einem Morgen aber fand ich unter meinem Kanu ein kleines Päckchen und darin einen frisch gebackenen Kuchen, ein saftiges, großes Stück Lachsfilet und einen Zettel mit besten Wünschen für die Weiterreise. Ich wusste in dem Moment nicht, von wem diese willkommene Überraschung kam und ob ich vor Dankbarkeit jubeln oder vor Rührung heulen sollte. Ich kämpfte mit meinen Gefühlen, auch wenn das wirr klingt. Wahrscheinlich kann das ohnehin nur jemand nachvollziehen, der selbst schon eine ähnliche Situation erlebt hat. Tagelang war ich durch Dauerregen gepaddelt, im ständigen Gegenwind kaum mehr als zwanzig, dreißig Kilometer vorangekommen, hatte nachts auf schlammigen Uferstreifen campiert, um mich am nächsten Tag erneut gegen furchteinflößend hohe Wogen zu behaupten und dabei nicht zu viel zu riskieren. Das Ziel schien greifbar nah und doch weiter weg als je zuvor. Ich erinnerte mich der wiederholten Warnungen vor den berüchtigten Herbststürmen, die bereits im August einsetzen und ein Vorankommen gänzlich unmöglich machen konnten. Der Yukon hatte mich weichgespült, mir unmissverständlich meine Grenzen aufgezeigt. Und gerade in diesen emotional fordernden Momenten schien es, als ob seine Anwohner mich mit ihrer selbstverständlichen Herzlichkeit und Gastfreundschaft regelrecht auffingen. Bürgermeisterin und Dorfladenchefin Shirley bekochte mich, ihre Schwester Debbie lud mich zum Videoabend ein, ein Mann bot mir fürs nächste Mal eine Hütte zum

Übernachten an. Die Kuchenbäcker lernte ich auch noch kennen, ein Ehepaar mit zwei Kindern, die für mich ein weiteres Frühstück und frisch gezupften Pfefferminztee bereiteten. Abschließend durfte ich noch ihre Dusche benutzen und traute mich nun gestärkt und sauber zurück auf den weiterhin stürmischen Fluss.

In Holy Cross schenkte mir ein Fischer, der mir am Abend zuvor schon sein überdachtes Boot als Schutz vor einer herannahenden Regenfront zur Verfügung stellen wollte, meinen ersten kompletten Lachs. Beim Filetieren stellte ich sehr schnell fest, dass die so spielerisch anmutenden Schnitte der Profis Resultat langer Übung sein mussten, und wechselte schnell zur einfach von oben nach unten gesägten Steak-Variante. In Pilot Station überließ mir Martin in der Stammesverwaltung seinen Laptop zum Mails-Checken, in Mountain Village heizte Tom seine selbst gebaute Eskimosauna für mich ein und bescherte mir eine Demutserfahrung, die ich nicht vergessen sollte. Keine fünf Minuten hielt ich es in der unerträglichen Hitze vor dem mit Steinen beschwerten Ölfass aus. Anschließend gab es noch Lachseintopf mit reichlich Rogen, der sonst meist an die Möwen verfüttert wurde, vermutlich eine albtraumartige Verschwendung für viele Feinschmecker. Nach vielen Wochen durch das Gebiet der Athabasken hatte ich jetzt das Territorium der Yup'ik-Eskimos erreicht, die das weitläufige Yukon-Delta besiedeln. Je näher ich dem Zielort Emmonak kam, desto wehmütiger wurde ich. Ankommen schien nicht mehr eine Frage der Wahrscheinlichkeit, sondern nur noch des Zeitpunkts. Als ich dann siebzig Tage nach meinem Start auf dem Chilkoot Trail und nach weit mehr als 3000 gepaddelten Kilometern am Beringmeer stand, verspürte ich keinen Triumph. Ich hatte vielmehr Angst vor dem Loch, das sich nach Ende einer solch intensiven Zeit wahrscheinlich auftun würde. Klar war es toll, trotz aller zwischenzeitlichen Wetterkapriolen und Bootsschäden angekommen zu sein, das ursprünglich gesteckte Ziel erreicht zu haben. Aber ich ahnte wohl auch, wie sehr ich das Leben am und mit dem Fluss und vor allem die Menschen vermissen würde. Ein paar Tage später bestieg ich eine kleine Propellermaschine, mein Boot war direkt neben den sechs Passagieren auf dem Boden verzurrt, da, wo normalerweise eine zweite Sitzreihe Platz für weitere Gäste bietet. Wir stiegen durch tief hängende Wolken in den Himmel, während ich unter uns noch das braune Band des Yukon ausmachte, dessen Ufer hier kilometerweit auseinanderlagen. Mir war zum Heulen zumute. Keine Ahnung, was der Fluss in den letzten Wochen mit mir gemacht hatte, rational war es nur schwer erklärbar, und allzu spirituelles Gefasel erspare ich mir – und Ihnen – an dieser Stelle. Vier Mal bin ich nach Ende der Reise inzwischen zum Yukon zurückgekehrt, zweimal im Winter, wenn er größtenteils dick zugefroren war, zweimal im Sommer, um nochmals auf ihm zu paddeln. Jedes Mal fühlte es sich ein wenig an wie nach Hause kommen. So als ob man einen wichtigen Freund wiedertrifft, den man erst im Laufe der Zeit und rückblickend besser versteht. Die Gwich'in gaben dem Yukon seinen Namen, Großer Fluss. Das ist er. Und so viel mehr.

The Last Frontier

Die letzte Wildnis in einem gezähmten Land?

Am Mythos Alaska haben viele mitgestrickt. Früher eben vor allem Jack London mit seinen Romanen über den Goldrausch, die zu Welterfolgen wurden. Heute sind es die zahlreichen Fernsehshows über Ice Road Trucker, Schatzsucher und Krabbenfischer, deren Fokus meist auf den vermeintlich ständig lauernden Lebensgefahren im Norden liegt. Die erfolgreichste Geschichte aus Alaska aber ist zweifelsohne die von Christopher McCandless alias Alex Supertramp. Zumindest für den Autor, der sie recherchierte und aufzeichnete. Jon Krakauers Besteller »Into the Wild«, »In die Wildnis«, später von Sean Penn verfilmt, sorgte dafür, dass der Ruf von der »Letzten Wildnis« noch mal ordentlich Nahrung erhielt. Viele schreiben den frühen Hungertod des Aussteigers und Träumers McCandless seinem leichtsinnigen Wunsch zu, von der Natur zu leben, ohne angemessene und ausreichende Vorkehrungen getroffen zu haben. Im Gefolge pilgerten zahlreiche Outdoorfans zum »Magic Bus« am Stampede Trail in der Nähe des Denali-Nationalparks, in dem McCandless den Sommer 1992 bis zu seinem Tod verbrachte. Manche Hiker verunglückten dabei selbst tödlich, zuletzt im Jahr 2010, als eine Schweizer Wanderin in den Fluten des Teklanika River ertrank, der für McCandless auch schon zum unüberwindbaren Hindernis auf seinem Weg aus der Wildnis geworden war. Keine Frage, Alaska bleibt wild. Aber wie wild wirklich?

»Wir sind fünfzig Jahre zu spät gekommen!«, meint Sebastian Schnülle. »Parzellen abstecken und einfach bewirtschaften geht schon lange nicht mehr. Aber klar, als Macher hast du hier immer noch mehr Chancen als in dicht besiedelten Gebieten. Nur, wieviel bleibt von der Wildnis, wenn man sie mit Flugzeugen oder Helikoptern jederzeit erreichen kann?« Auch die Wildwestzeiten während des Pipeline-Baus, als plötzlich fast über Nacht überall in Fairbanks Spielhöllen, Limousinen, Bars und Prostituierte auftauchten, sind längst vorbei. Damals wehte ein Hauch von Gesetzlosigkeit durch die 2nd Avenue, die angesagte Meile der Stadt, die heute fast tot ist. Noch immer aber hört man im Winter manchmal Warnhinweise, dass die Eltern ihre Kinder besser zur Schule fahren sollen, weil Wölfe durch die Stadt streifen. »Du läufst mit deinen Skiern hinterm Haus durch unberührte Wildnis, bist aber nur einen kurzen Moment vom nächsten Supercomputer entfernt. Dieser Kontrast macht Alaska so attraktiv, so reizvoll«, schwärmt Wissenschaftler John aus Seattle von seiner Wahlheimat. »Auch wenn wir hier verdammt abgeschieden leben, viele sind weit gereist, waren überall auf der Welt. Und Fairbanks hat diese überraschend kosmopolitische Anmutung, inklusive Symphonieorchester, verschiedenen Theatergruppen, einem Opernensemble und natürlich der Uni. Wie eine Insel der Kultur inmitten glorreicher Wildnis.«

Wer es sucht, findet das Abenteuer noch immer hinter jeder Ecke. Genauso wie Einsamkeit und Ruhe. »Für mich ist Alaska vor allem Stille!«, gestand mir Holzkünstler Larry in Anchorage, der vor Jahren aus Oregon in den Norden zog. »Wenn du nach irgendetwas suchst, wirst du es hier finden, irgendwo. Ich suche nach Gott, und von keinem anderen Ort dachte ich bisher, das ist Gottes Land!« Auch Ethnologin Angela war auf der Suche, als sie mit ihrem Jeep von Iowa nach Fairbanks fuhr. »Nach einem Platz, dem ich mich mehr verbunden fühlte. Aber Fairbanks ist anders, in Bezug auf seine *Alaskaness*. Man muss schon genauer hinschauen, um die Schönheit zu sehen, die viel subtiler wirkt als zum Beispiel in Südostalaska mit seinen gewaltigen Bergen, Gletschern und dem Meer. Die Leute in Anchorage halten uns für verrückt, weil wir uns mit den minus vierzig, minus fünfzig Grad kalten Wintern rumschlagen und dann auf der anderen Seite mit den dreißig, vierzig Grad heißen Sommertagen. Aber genau diese Extreme machen Fairbanks so besonders.« Die Begeisterung der Alaskaner für ihre Heimat ist ansteckend. Wann immer ich mit Menschen hier gesprochen habe, spürte ich die überschwängliche, ungebrochene Faszination, die das Land auf seine

Bewohner ausübt, egal ob Newcomer oder *sourdough*. Lassen wir sie also an dieser Stelle selbst zu Wort kommen.

Bill, Wirtschaftsfunktionär aus Anchorage: »Es ist wahrscheinlich einer der letzten weißen Flecken auf dem Planeten, wo du noch deine eigene Zukunft schreiben kannst. Hier kannst du dich auf alle mögliche Weisen messen, im eiskalten Meerwasser surfen, einen 2000 Meter hohen Berg gleich hinterm Haus besteigen. Alaska ist ein Land mit erstaunlichen Möglichkeiten, ein großartiger Ort, um eine Familie zu gründen. Meine Kinder sind bodenständig geblieben, das verdanke ich auch Alaska. Es ist wunderschön, spektakulär, riesig, episch. Gleichzeitig ist es auch gnadenlos, wenn du dich töricht verhältst. Ja, unglaublich schön und erstaunlich brutal. Das Land ernährt dich, wird dir helfen, zu wachsen, und dich zu einem besseren Menschen machen, wenn du es zulässt.«

Kathy, Biologin aus Fairbanks: »Alaska ist einer von ganz wenigen Plätzen auf der Erde mit einem noch intakten Ökosystem, weil es hier noch immer zu wenig Menschen gibt, um es zu verpfuschen. Aber wir arbeiten hart und emsig daran, das auch noch zu vermasseln!«

Angela, Ethnologin aus Fairbanks: »Das ungeheuerliche Ausmaß Alaskas geht einher mit einer mannigfachen Vielfalt. Denke ja nicht, nur weil du Anchorage oder Fairbanks besucht hast, kennst du Alaska. Es gibt so viele Unterschiede, die großen Städte, das urbane Leben, die ländlichen Siedlungen, indianischen Dörfer, wo man versucht, die traditionellen Lebensformen zu bewahren, und den Kontakt zur Moderne sucht, verbunden durchs Internet und Satellitenfernsehen, und gleichzeitig raus ins Fischcamp zieht oder zur Jagd geht. Wir sind stolz, Alaskaner zu sein, weil wir an einem Ort leben, von dem so viele Menschen träumen, einmal im Leben hierherzukommen. Das ist auch eine gewaltige Verantwortung, deshalb erinnern wir uns jeden Tag daran, wie phantastisch es hier ist. Und egal, wohin wir selbst reisen, wir vergleichen immer mit Alaska. Oh, hier ist es flacher, oder: Das Blau des Himmels stimmt nicht. Die Latte hängt verdammt hoch!«

Charles, Kleinunternehmer und Tüftler aus Homer: »Wir haben einen Walmart in Anchorage oder Kenai, in dem ich alles kaufen kann, was ich will. Aber es bleibt trotzdem wild, ob ich hinterm Haus auf meinem Grundstück unter einer Fichte abhänge oder mit dem Segelboot raus aufs Wasser fahre. Alaska lässt dir so viele Möglichkeiten, dich weiterzuentwickeln und der zu sein, der du wirklich bist, dich zu verwirklichen. Ich brauche Raum, bin Individualist. Hier kann ich machen, was ich will, und solange du mir nicht im Weg stehst, ist alles gut, darum geht es wirklich in Alaska! Schau's dir an, Alaska ist für alle da, wenn du hier bist, ist es auch dein Zuhause, hier gibt es für jeden etwas.«

Dave, Tourguide aus Skagway: »Das hier ist noch immer die Grenze, und wenn du willst, kannst du raus in die

Wildnis treten, die letzte Wildnis in einem gezähmten Land. Du kannst hier ziemlich luxuriös und bequem leben und niemals ein Reh sehen, aber es ist gleich da draußen, wenn du willst, oder ein Bär, mit dem du um die Beeren konkurrierst. Wenn du verfünftig bist, deine fünf Sinne beisammen hast, wirst du hier gut zurechtkommen. Aber wenn du in einer Traumwelt lebst, inspiriert von Fernsehen und Filmen, dann wirst du nicht lange durchhalten. Hier musst du pragmatisch sein, die Dinge so akzeptieren, wie sie sind, und das Beste daraus machen.«

Dixie, Kulturbeauftragte, aus North Pole: »Das Land ist der Geist, die Seele der Menschen, untrennbar miteinander verbunden. Wer hier war, kommt immer wieder zurück, weil er sich in die fürsorglichen, offenen, gastfreundlichen Menschen verliebt hat. Und Alaska ist ein Schmelztiegel voller Schätze, hat so viel zu geben. Wir kratzen nur an der Oberfläche, weil es so gewaltig und wunderschön ist. An manchen Orten denkst du, es ist nicht der Himmel, aber verdammt nah dran!«

Tor, Sozialarbeiter und Zimmermann aus Hope: »Für mich ist es die freie Natur, eine Schande, wer sie nicht nutzt und erkennt, wie einzigartig sie ist. Manchmal wird das erst klar, wenn man eine Zeit lang weggeht. Colorado oder Norwegen zum Beispiel sind schon auch schön und wild, aber zahmer und kleiner im Vergleich zu Alaska, wo alles einfach riesig ist!«

Josh, Park Ranger aus Fairbanks: »Hier hoch kommen Menschen, die sich mit diesem Platz identifizieren, eine Beziehung dazu haben. Es ist für viele ein Traumziel, auch wenn das Leben hier härter ist, fordernder. Du musst vieles selber machen, selbst in die Hand nehmen, es ist nicht so bequem und komfortabel wie *outside* im Süden.«

John, Wissenschaftler aus Fairbanks: »Hier hast du noch die Möglichkeit, eine Landschaft zu erleben, die im Wesentlichen vom Menschen nicht verändert wurde, auf eine Art wie vielleicht nirgendwo sonst auf der Welt. Du musst nicht lange suchen, bis du einen Platz gefunden hast, der auf dich den Eindruck macht, als ob du der erste Mensch bist, der hier durch den Sumpf der Tundra stapft. Das stimmt wahrscheinlich nicht, aber diesen Eindruck gewinnst du, im Angesicht dieser unberührten Landschaft. Das zieht eine bestimmte Art von Menschen an, herausgefiltert aus der Masse derer, die im Strom mitschwimmen, und erzeugt einen großen Zusammenhalt innerhalb dieser Gemeinschaft gleich gesinnter Typen, die unabhängig sind und interessiert, Gleichgesinnte zu treffen.«

Mike, Kommunalpolitiker aus Fairbanks: »Die Pioniertage sind schon noch spürbar, als ob gestern erst Highways durch die Wildnis geschlagen wurden. Zunächst als sumpfige Trassen, dann mit Belag, der aber selbst heute immer noch vielerorts fehlt. Eine echte Ausnahme und exotisch für ein Land, wo die Mobilität und das Auto eine so große Rolle spielen. In Alaska darfst du sein, wer du möchtest, du musst dich nicht anpassen, kannst in Arbeitsklamotten zu einem Empfang des Gouverneurs stapfen, ohne schief angesehen zu werden. Oder auch einen Anzug mit Schlips tragen, alles geht, es gibt hier kein wirkliches Klassendenken.«

Was nicht automatisch bedeutet, dass Alaskaner wie Vogelscheuchen rumlaufen, darüber haben wir ja an anderer Stelle schon philosophiert. Lidschatten und Krawatten wirken halt in etwa so befremdlich wie aufgebrezelte Partymäuschen in High Heels bei einer Karfreitagsprozession.

Wundern Sie sich aber nicht, wenn Sie im sommerlichen Dauerregen in Ketchikan zwischen all den Ganzkörpergummioutfits von Helly Hansen schon die ersten Flipflops auf der Straße sehen, sobald der Regen nicht mehr ganz so heftig quer prasselt. Der Sommer ist kurz, *live it*, egal wie das Wetter ist! Die Dramatik des Wetters, wie schnell es sich ändert und wie extrem sich das Land in den Jahreszeiten wandelt, hat an der Wildheit Alaskas weiterhin entscheidenden Anteil.

»Frühjahr, Sommer, Herbst und Winter und wie eine Saison in die nächste übergeht, ist wie ein Rhythmus, ja, wie Musik«, empfindet es Atz Kilcher, von dem zuvor schon die Rede war. »Das Licht im Sommer, wenn du viel Energie hast, dann der Herbst, der Übergang und schließlich der Winter, wenn es dunkel ist und du andere Dinge erledigst. Der Rhythmus der Jahreszeiten, danach bin ich süchtig.« Atz ist so etwas wie ein Vorzeige-Alaskaner, *homesteader, artist, musician*, heißt es auf seiner Website, Siedler, Künstler, Musiker. Und ein Macher. Als ich ihn auf der Kenai Peninsula bei Homer treffe, baut er gerade an seinem neuen Haus, ein schnörkelloser, zweistöckiger Bau aus *plywood*. Die schlichten Sperrholzwände sind noch nicht verkleidet, die großzügige Veranda ebenfalls noch unfertig. Wir setzen uns im leichten Nieselregen um die Feuerstelle vor einem Schuppen, der ihm bis zur Fertigstellung des Hauses als Zwischenbehausung dient. Innerhalb kürzester Zeit lodern die Flammen aus den groben Fichtenscheiten.

»*The Last Frontier* heißt ja auch, dass du da draußen die Grenzen verschiebst, wo die Zivilisation endet und die Wildnis beginnt. So wie die Pioniere ihr ganzes Leben lang versucht haben, der Wildnis Herr zu werden, sie weiter zurückzudrängen.« Eine autobiografische Feststellung, denn genau das hat sein Vater getan, nachdem er in den 1940er-Jahren auf abenteuerliche Weise aus der Schweiz über die Eisfelder Alaskas nach Homer kam und dort auf der Kenai Peninsula eine Großfamilie gründete. Später schneiderte er an der Verfassung Alaskas im Zug der Aufnahme in den amerikanischen Staatenverbund 1959 entscheidend mit.

Das Kilcher Homestead liegt heute noch in atemberaubend schöner Lage mit Blick auf das Meer und vergletscherte Küstenberge. Atz' Geschwister bewirtschaften die großzügigen 240 Hektar, auf deren saftig grünen Weiden die Kühe vor alpin anmutender Hügelkulisse grasen. Auch die Giebel und Holzschindeln der alten Blockhäuser erinnern eher an eine Schweizer Almhütte als an eine alaskanische Trapper-*cabin*. »Mein Alaska ist geografisch. Egal wo in Alaska, innerhalb von fünf oder zehn Minuten kannst du mitten im Nirgendwo sein, mit dem Auto, zu Fuß, Rad, Kajak oder Pferd. Hier gibt es immer noch Plätze ohne viele Einschränkungen, wo du ein Haus bauen kannst, ohne all die Bauauflagen einhalten zu müssen.«

Wir schlürfen pechschwarzen Kaffee. Atz schaut hin und wieder auf sein Smartphone. Tochter Jewel wollte sich melden, um Feedback zu einem Song zu geben, den er gerade für eine Reality-Doku über sich und seine Familie geschrieben hat. »Die ganzen TV-Shows über Alaska zeigen doch, wie populär es hier ist, vielleicht, weil die meisten Menschen doch diesen Traum haben von einem einfachen Leben ohne Stress. Sie wollen wild sein, Cowboys, all das repräsentiert Alaska. Ein Platz, wo du noch du selbst sein kannst, mit wenig Gesetzen und Regeln, aber viel Wildnis. Folge deinem Traum, sei ein wilder Mann, eine wilde Frau, dafür steht Alaska!« Dann greift er zur Gitarre und beginnt zu singen, »Alaska, The Last Frontier«.

Sometimes it's blood, sweat and tears
on Alaska's last frontier
life is simple, life is good
when you're living like you should
hey hey

Sometimes it's struggle, strife
father, son, brothers, wives,

but we're making our way
and yes, we'll stay
right here
On Alaska's last frontier

Pioneer visions settled this land
Mama, papa taught us
you need to understand
oh the meek don't endure
nor the weak of the heart
This land can make you strong
or it can break you apart

It's green and blue and clean and white
where the winds and the wild wolves
sing to us at night
but it's not the gold nor the oil
that we hold dear
born to be wild and free
here on the last frontier

Sometimes it's blood, sweat and tears
on Alaska's last frontier
life is simple, life is good
when you're living like you should
hey hey

Sometimes it's struggle, strife
father, son, brothers, wives,
but we're making our way

and yes, we'll stay
right here
On Alaska's last frontier

But you get old after years in the cold and the dark
the youth will lead us with a truth and a spark
we're the last of the breed of our past pioneers
and if you listen close their voices you will hear

Sometimes it's blood, sweat and tears
on Alaska's last frontier
but life is simple, life is good
when you're living like you should
hey hey

Sometimes it's struggle, strife
father, son, brothers, wives,
but we're making our way
and yes, we'll stay
we're the daughters and sons
in the land of the midnight sun
right here
In Alaska's last frontier

Manchmal sind es Blut, Schweiß und Tränen in Alaskas letzter Wildnis. Das Leben ist einfach, das Leben ist gut, wenn du so lebst, wie du es solltest. Manchmal ist es ein Kampf, eine Zerrissenheit, für Vater, Sohn, Brüder, Frauen, aber wir gehen unseren Weg, und ja, wir bleiben hier, in Alaskas letzter Wildnis.

Pioniere mit ihren Visionen haben dieses Land besiedelt, Mama und Papa haben uns gelehrt, zu verstehen, weder die Sanften werden durchhalten noch die im Herzen Schwachen. Dieses Land kann dich stark machen oder dich zerbrechen.

Es ist grün und blau, klar und weiß, wo die Winde und wilden Wölfe uns nachts in den Schlaf singen, doch es ist weder das Gold noch das Öl, das uns etwas bedeutet, geboren, um wild und frei zu sein, hier in der letzten Wildnis.

Aber du wirst alt, nach Jahren in Kälte und Dunkelheit, die Jugend will uns führen und mitreißen, wir sind die Letzten unserer Art, der vergangenen Pioniere, und wenn du genau hinhörst, wirst du ihre Stimmen hören.

Die Abwesenheit der Menschen, ihre nicht vorhandene Präsenz in weiten Teilen des Landes macht Alaska für viele so anziehend. Auch für mich. Und die enge Verbundenheit der Menschen, die innigen Freundschaften und die Offenheit, die das Zusammenleben miteinander so großartig machen. Scheinbar ein Gegensatz. Wie so vieles hier, das sich auf den zweiten Blick als ganz offensichtliche und plausible Erklärung darstellt. Das Land prägt die Menschen, die Menschen prägen das Land, das einfach zu riesig ist, um es mit nur einer Reise oder einem Buch zu erfassen.

Bis 1983 wurde Alaska wegen seiner Größe in vier Zeitzonen aufgeteilt. Heute sind es zwei, die *Alaska Time*

Zone, die für den überwiegenden Teil des Staates gilt und zehn Stunden hinter der mitteleuropäischen liegt. Noch eine Stunde früher ist es auf dem westlichsten Zipfel der Aleuten, wo die Uhren nach der *Hawaii-Aleutian Time* ticken. Diese Reduzierung wurde aus pragmatischen Gründen gewählt, damit vor allem die Kommunikation auf geschäftlicher Ebene innerhalb Alaskas und mit dem Rest der USA vereinfacht würde. Schneller wird das Leben hier dadurch aber nicht. Denn genau das schätzen die Menschen, die Gelassenheit und Entschleunigung des Alltags in Abhängigkeit von den Gesetzen der Natur, die selbst vor den Städten nicht halt machen. Wer das missachtet, provoziert Gefahr für sich und andere, haben mir die Alaskaner immer wieder mit auf den Weg gegeben. Dieses Miteinander von Mensch und Natur, dem man sich nicht entziehen kann, erdet auf wohltuende Weise. Ein weiterer Grund für die Faszination des Landes. Am Rand mancher Städte holen sich die Bewohner ihr Wasser lieber aus den Gletscherbächen, als das überchlorte oder extrem eisenhaltige Leitungswasser zu trinken. Und hier kann man das auch noch, ohne gesundheitliche Risiken in Kauf zu nehmen. In einem Land, wo man selbst im 21. Jahrhundert auf kleine Flugzeuge, Hundeschlitten und Schneeschuhe angewiesen ist, um zu vielen Orten zu gelangen, die mit dem Auto unerreichbar bleiben, müssen sich die Gesetze der menschlichen Zivilisation denen der Natur auch weiterhin unterordnen. Undenkbar exotisch, wenn sonst Smartphones, U-Bahn-Fahrpläne und Business-Meetings den Alltag fernsteuern.

Alaska ist eine Philosophie, eine Lebenseinstellung. Nicht nur ein Land. Mich hat es gepackt wie nichts zuvor. Auch wenn ich noch keine Carhartts besitze. Aber das will ich diesen Sommer ändern.

Bereits erschienen:

Gebrauchsanweisung für ...

Alaska
von Dirk Rohrbach

Amerika
von Paul Watzlawick

Amsterdam
von Siggi Weidemann

Argentinien
von Christian Thiele

Barcelona
von Merten Worthmann

Bayern
von Bruno Jonas

Berlin
von Jakob Hein

Brasilien
von Peter Burghardt

die Bretagne
von Jochen Schmidt

Brüssel und Flandern
von Siggi Weidemann

Budapest und Ungarn
von Viktor Iro

Burgenland
von Andreas Weinek
und Martin Weinek

Burma / Myanmar
von Martin Schacht

China
von Kai Strittmatter

Deutschland
von Wolfgang Koydl

Dresden
von Christine von Brühl

Düsseldorf
von Harald Hordych

die Eifel
von Jacques Berndorf

das Elsaß
von Rainer Stephan

England
von Heinz Ohff

Finnland
von Roman Schatz

Frankfurt am Main
von Constanze Kleis

Frankreich
von Johannes Willms

Freiburg und
den Schwarzwald
von Jens Schäfer

den Gardasee
von Rainer Stephan

Griechenland
von Martin Pristl

Hamburg
von Stefan Beuse

Indien
von Ilija Trojanow

Irland
von Ralf Sotscheck

Island
von Kristof Magnusson

Istanbul
von Kai Strittmatter

Italien
von Henning Klüver

01/0004/11/R

Japan
von Andreas Neuenkirchen

Kalifornien
von Heinrich Wefing

Katalonien
von Michael Ebmeyer

Kathmandu und Nepal
von Christian Kracht und Eckhart Nickel

Köln
von Reinhold Neven Du Mont

Kroatien
von Jagoda Marinić

Leipzig
von Bernd-Lutz Lange

London
von Ronald Reng

Los Angeles
von Rainer Strecker

Mallorca
von Wolfram Bickerich

Mecklenburg-Vorpommern und die Ostseebäder
von Ariane Grundies

Moskau
von Matthias Schepp

München
von Thomas Grasberger

das Münchner Oktoberfest
von Bruno Jonas

Münster und das Münsterland
von Jürgen Kehrer

Neapel und die Amalfi-Küste
von Maria Carmen Morese

Neuseeland
von Joscha Remus

New York
von Verena Lueken

Niederbayern
von Teja Fiedler

Nizza und die Côte d'Azur
von Jens Rosteck

Norwegen
von Ebba D. Drolshagen

Österreich
von Heinrich Steinfest

Paris
von Stephen Clarke

Peking und Shanghai
von Adrian Geiges

Polen
von Radek Knapp

Portugal
von Eckhart Nickel

Potsdam und Brandenburg
von Antje Rávic Strubel

Rom
von Birgit Schönau

01/0005/11/L

Rügen und Hiddensee
von Holger Teschke

das Ruhrgebiet
von Peter Erik Hillenbach

Rumänien
von Jochen Schmidt

Salzburg und
das Salzburger Land
von Adrian Seidelbast

Sardinien
von Henning Klüver

Schottland
von Heinz Ohff

Schwaben
von Anton Hunger

Schweden
von Antje Rávic Strubel

die Schweiz
von Thomas Küng

Sizilien
von Constanze Neumann

Spanien
von Paul Ingendaay

Stuttgart
von Elisabeth Kabatek

Südafrika
von Elke Naters und Sven Lager

Südfrankreich
von Birgit Vanderbeke

Südtirol
von Reinhold Messner

Sylt
von Silke von Bremen

Thailand
von Martin Schacht

Tibet
von Uli Franz

die Toskana
von Barbara Bronnen

Tschechien und Prag
von Jiří Gruša

die Türkei
von Iris Alanyali

Umbrien
von Patricia Clough

die USA
von Adriano Sack

den Vatikan
von Rainer Stephan

Venedig mit Palladio und
den Brenta-Villen
von Dorette Deutsch

Vietnam, Laos
und Kambodscha
von Benjamin Prüfer

Washington
**von Tom Buhrow
und Sabine Stamer**

die Welt
von Andreas Altmann

Wien
von Monika Czernin

01/0006/11/R

PIPER

Verena Lueken

Gebrauchsanweisung für New York

176 Seiten. Gebunden

5400 Hochhäuser, mehr als 180 Sprachen und der einzige Ort in den USA, an dem man ernsthaft zu Fuß geht: New York ist einzigartig. Ihr Herz wird also klopfen, wenn Sie sie das erste Mal betreten. Es wird klopfen vor Angst, wenn Sie lesen werden, daß die falsche Farbe Ihrer Schuhe für Sie böse soziale Folgen haben könnte. Vor Rührung, wenn Sie hören, daß die Spitze des Empire State Building immer mal wieder in anderen Farben erstrahlt. Vor Glück, wenn Sie das erste Mal eine Ansage Ihres freundlichen U-Bahn-Schaffners verstanden haben. Und vor Freude, wenn Sie wie so viele vor Ihnen das Gefühl von Freiheit empfinden, sobald Sie die Stadt zum ersten Mal betreten. Verena Lueken zeigt Ihnen New York – und weiht Sie ein in die Geheimnisse eines Alltags, in dem das Unerwartete noch immer die einzige Konstante ist.

01/1492/01/L

PIPER

Rainer Strecker

Gebrauchsanweisung für Los Angeles

224 Seiten. Gebunden
Mit einem Vorwort von Cornelia Funke

Rainer Strecker, der in der City of Angels seine zweite Heimat fand, blickt hinter die Fassaden der Traumfabrik. Er streift über Boulevards und Freeways, führt zu Lichtspielpalästen, besucht Pacific Palisades und die Villa Aurora. Er entdeckt die spirituellen Seiten der Metropole, in der man Ausflüge in frühere Leben unternehmen und sein Haus von bösen Geistern befreien lassen kann. Er enthüllt die Regeln des Datingsystems; erzählt vom Alltag unter Menschen, für die das Auto ihr zweites Wohnzimmer und fettfreie Ernährung das oberste Gebot ist. Verrät, wo in L. A. man so etwas wie Kiezleben findet. Zu welcher Uhrzeit die Ausblicke vom Mulholland Drive ihre größte Magie entfalten. Wie man sich zwischen Yoga-fanatischen Gesundheitsaposteln bewegt. Und wie man hier stilvoll dem deutschen Winter entkommt.

01/2028/01/R

Adriano Sack

Gebrauchsanweisung für die USA

240 Seiten. Gebunden

Adriano Sack nimmt uns mit zu den Orten, an denen Sie gewesen sein sollten, um die USA zu begreifen. Er weiß, wo Tellerwäscher oder T-Shirt-Macher noch zu Millionären werden. Wieso Gott in den USA einen Rolls-Royce fährt. Wen 60 Prozent der Amerikaner in Wirklichkeit gern als Präsidentin sähen – und auf wen sie richtig stolz sind. Warum in dem Land, in dem Fast Food erfunden wurde, vor Biosupermärkten lange Schlangen stehen. Wie man drei Tage, drei Monate oder auch 30 Jahre in den USA überlebt – vom Einreiseformular über Restaurantquittungen bis zur Social-Security-Number. Worauf Sie beim Flirten in Santa Monica, beim Skifahren in Colorado und beim Whale Watching vor Cape Cod achten sollten. Und warum auch hinter einem künstlichen Busen ein echtes Herz schlagen kann. Ob Sie von Kriegsveteranen das Schießen lernen, in NY auf Wohnungssuche gehen oder einem Superstar in L. A. den Restauranttisch wegschnappen: Die USA sind ein Land des unbegrenzten Wahnsinns. Adriano Sack verrät, wie man es lieben lernt.

01/1715/02/L